당신은
영원히 시들지 않는
꽃입니다

유영호

미루나무

시인의 말

　아무런 준비도 없이 갑자기 떠나버린 아내의 기억을 그냥 가슴에 묻어두기는 너무 마음이 아파 후세에 우리부부의 삶을 영원히 기억하게 하고자 하는 마음으로 43년 동안 살면서 아내와의 추억이 담긴 글들을 모아 이렇게 한 권의 책으로 만들었습니다.
　혹자들은 이 글을 읽고 뭐라 수군거릴지 모르지만 우리 부부에게는 세상 그 어느 유명인의 자서전이나 세계명작소설보다 소중했던 기억들이기에 너무 빨리 내 곁을 떠나버린 아내에게 이 추모문집을 드립니다.

하늘의 별이 된 천순자씨의 1주기에
2024년 8월

제1부

아내가 있는 詩

- 10 빈 의자 • 10
- 11 새댁 • 11
- 12 고주박이 아내 • 12
- 13 쑥국을 먹으며 • 13
- 14 음식엔 기억이 있다 • 14
- 15 묵언 수행 중 • 15
- 17 당신은 영원히 시들지 않는 꽃입니다 • 17
- 19 아내를 생각한다 • 19
- 21 어떤 휴일 • 21
- 22 국물 한 숟가락이 세상을 녹인다 • 22
- 23 만만한 음식 • 23
- 24 아내의 설날 • 24
- 26 끝나지 않는 전쟁 • 26
- 27 조기의 꿈 • 27
- 28 마지막 용돈 • 28
- 29 갈치, 사리를 품다 • 29
- 30 같이 가고 있었구나 • 30
- 31 고사리 손 • 31
- 32 삼족계 • 32
- 33 순천만에 가을이 오면·1 • 33
- 34 순천만에 가을이 오면·2 • 34
- 35 가을 날 • 35
- 36 상림에서 • 36
- 37 이목구비 합작 • 37
- 38 살과의 전쟁 • 38
- 39 아내들은 모른다 • 39

41 나의 空約 • 41

42 숟가락 마중 • 42

43 달달한 詩 • 43

44 화합의 합창 • 44

45 멸치 살이 • 45

46 사랑이 칭얼거리면 • 46

47 돼지꿈 꾼 날 • 47

48 콩나물 키우기 • 48

49 가을사랑 • 49

50 가을밤 • 50

제 2 부
아내가 없는 詩

52 당신이 올 것 같아 • 52

53 그리움 • 53

54 빈집 • 54

55 가을이 지날 때 • 55

57 아내의 첫 기일에 • 57

59 잔소리조차 그립다 • 59

61 지워지는 흔적 • 61

62 하지 못한 것들 • 62

63 어쩌다 • 63

64 밤 그리고 눈물 • 64

65 혼자 먹는 국수 • 65

67 세 시간 • 67

68 당신은 부재중 • 68

69 여인이여 • 69

70 당신이 없는 추석 • 70
71 오래된 운율처럼 우리는 • 71
72 이 길의 끝에 • 72
73 눈을 뜨면 너는 • 73
74 웃으며 그리워하자 • 74
75 우리 사랑한 적이 언제인지 • 75
77 바보 천치의 사랑 법 • 77
78 본능만 남았다 • 78
79 늦었다. 너무 • 79
81 눈물 몇 방울 • 81
82 내가 만든 국수를 당신과 먹고 싶다 • 82
84 이제 울지 말아요 • 84
85 일백일 • 85
86 빨리 보내주고 싶은데 • 86
88 소나기 오는 날 • 88
89 눈물 • 89

제3부

아내가 있는 수필

96 아내의 숨소리 • 96
99 나도 따뜻한 밥이 맛있다 • 99
102 후회는 한 번이면 족하다 • 102
105 관심에서 멀어지면 어른의 마음도 아프다 • 105
109 요즘 나의 스승은 • 109
113 10년 젊어지기 • 113

119 아내와의 만남부터 이별까지 43년의 여정 • 119

제1부

아내가 있는 詩

빈 의자

현관을 들어서니
졸던 전등이 눈을 뜨다가
이내 감아버린다
어두운 거실에 서서
뭘 해야 하나 생각한다

부모님이 소천하시고
아이들은 제짝을 찾아가
부부만 달랑 남았는데
아내마저 집을 비우니
난 길 잃은 아이가 된다

퇴근해서 들어오면
아내가 차려준 밥을 먹고
거실에서 안방에서
서로 따로 놀았지만
곁에 있어서 아늑했는데

보지도 않는 TV를 켜놓고
아내가 준비해놓고 간
밥과 반찬으로 저녁을 먹는다
왁자지껄한 연속극 소리가
아내의 빈 의자에 앉는다

새댁

아내를 따라 시장 구경을 간다
좌판을 펴던 할머니가
시선을 붙잡는다
새댁, 고추 오이 사이소.
육십 초반, 손자가 넷인 여인을
새댁이라 부르다니
할머니의 립 서비스가 파격적이다
아내의 얼굴을 힐끔 쳐다본다
아무렇지 않은 듯
이것저것 가격을 묻는다
아마 내색은 하지 않았지만
그런 말 들을 때마다
은근히 기분은 좋을 것 같다
넓은 이마 흰 머리 때문에
사십 초반에 어르신 소리 들으며
지하철 자리를 양보받던 나는
새댁 소리 듣는 아내가 은근 부럽다
십 년 이십 년이 흐른 후에도
여전히 새댁으로 살도록
세월이 아내를 비켜 가면 좋겠다.

고주박이 아내

아파트 화단 낙엽에
퇴근길이 움츠러든다
그 앞에 쭈그리고 앉아 귀를 모으니
잔인한 햇빛과 비바람에 맞섰던 무용담이
쉴 새 없이 바스락거린다

아내에게 전화를 한다
"여보 창을 열고 밖을 한 번 봐"
저녁을 준비하던 아내가
주방 쪽창으로 한 마디 툭 던진다
"아, 청승 떨지 말고 밥이나 먹어요"

저 여인도 한때는
구르는 낙엽을 보고 시를 지으며
웃고 울던 때가 있었겠지
무엇이 저 감성을 고주박이*로 만들었을까
부실한 흙덩이가 미안해서
현관을 들어서며 아내의 눈길을 피한다

* 고주박이: 땅에 박힌 채 말라비틀어진 그루터기.

쑥국을 먹으며

딩동,
문자 한 줄이 퇴근을 재촉한다
봄볕이 너무 좋아
들에서 나물을 뜯었다는 아내가
저녁 메뉴는 콩나물밥과 쑥국이란다
저녁 시간은 한참이나 남았는데
입안은 어느새 침이 한가득이다
퇴근을 서둘러 식탁에 앉으니
봄이 물씬대는 달래간장과 쑥국이다
얼마쯤 먹어 허기가 가시니
유년 시절 이맘때면 연례행사로 먹던
개떡이 생각났다
가루보다 쑥이 훨씬 더 많고
사카린이 아까워 넣는 시늉만 했어도
세상에서 제일 맛났던 개떡
허겁지겁 먹고 있는 우리를 보며
미안해하시던 어머니는
함께 먹자는 말조차 고개를 돌리셨다
쑥국 한 그릇을 다 비웠는데
국그릇엔 어머니 생각이 넘실거렸다

음식엔 기억이 있다

곰국과 애호박나물에는
내 아버지의 기억이 있다
치아가 부실하신 아버지는
곰국에 애호박나물을 즐겨 드셨다

어떤 음식을 마주할 때마다
떠오르는 사람이 있다
아내는 잘 익은 배추김치를
쭉쭉 찢어 밥을 먹을 때
울컥 어머니가 생각난단다

오랜만에 곰국을 먹는다
아버지 생각에 국물이 목에 걸린다
음식마다 수북이 담긴 기억들
훗날 세월이 흘러
내 자식들은 무얼 먹으며
나를 떠올릴까

묵언 수행 중

눈길이 자꾸 빈 의자로 간다
처음 식탁을 들여올 때는
의자마다 주인이 있었는데
이젠 네 개나 공석이다
식사를 끝내고 거실에 앉으니
배는 부른데 마음은 헛헛하다
설거지를 끝내고 온 아내가
석간신문을 따라온
전단지를 뒤적거리며 중얼거린다
'이젠 통닭도 못 시켜 먹겠네'
하긴, 딸아이가 시집을 가고
아들과 셋이 있을 때도
닭 한 마리를 다 먹지 못했으니
아들 딸 부부가 올 때까지
통닭 구경은 다신 못할 것 같다
허공에서 단절되는 대화
눈길은 텔레비전으로 피해버리고
약속한 것처럼 입이 닫힌다
우리 집은 지금 묵언 수행 중이다

당신은 영원히 시들지 않는 꽃입니다
- 43년을 함께 산 아내에게

가리사니 없는 애송이를 만나
성급한 열매를 맺었을 때
딸기 한 알도 선뜻
입에 넣어주지 못한 가난을
선명한 점으로 새겨주어 미안합니다

애지중지 키운 열매들이
품을 밀치며 세상으로 나선 후
텅 빈 가슴을 휘젓는 바람 소리
잠자리 뒤척이던 한숨 소리도
세월을 핑계 대며 외면해서 미안합니다

한 번도 어긴 적 없던 달 손님마저
점점 발길 뜸해지다가
영영 소식 끊겼다는 소리 듣고
모른 척한 것도 정말 미안합니다

벌로 태어나 베짱이로 살며
몸은커녕 마음조차 주저롭게 하면서도
넙죽넙죽 받아만 먹어
배부르고 등 따시던 시간들이
이제야 돌아보며 고개를 숙입니다

세월의 덧칠로 삶은 칙칙해지고
깊어진 더께가 버적거리며
향내보다 땀내가 더 편안해지는
당신은 나에게 하나뿐인
영원히 시들지 않는 아름다운 꽃입니다

아내를 생각한다

하얀 미소로 내려다보며
부드러운 손길로 나를 깨운다
티 없는 맑은 얼굴에
윤기 흐르는 검고 긴 생머리
S-라인은 아니지만 적당히 날씬했었다
삼십 년 전에는

그러나 지금은……

내 탓이다
나의 무력함과 아집에
세월이 힘을 더했다

난 아내를 위해 뭘 해야 하나
어제도 오늘도
생각을 하고 있다
생각은 생각으로만 이어지고……

그러다
고운 얼굴에
저승꽃이라도 피게 된다면

아- 어떻게 해야 하나
얼른 생각해야겠다

어떤 휴일

TV 보기조차 지겨운 휴일 오후
피곤하다는 아내를 졸라 5일장에 갔다
봄바람에 등 떠밀려온 나물이
기울어가는 짧은 해를 힐끔거리고
몇 바퀴째나 순례하는 할머니 손에는
주렁주렁 비닐봉지가 포도송이다
각설이 엿장수 북소리도 지쳐갈 즘
세상사 시끄러워 속을 비운 고등어는
소금 한 움큼으로 끼니를 때웠다
심사 뒤틀린 꽈배기의 달달한 호객이
엄마 따라 나온 아이 발길 붙잡고
호떡집은 여전히 불타는 중이다
바다를 건너온 바나나 오렌지는
몰려드는 사람들에 놀란 토끼 눈이고
골목 끝에 펴놓은 아낙의 남새는
이제 두 무더기가 남았다
보채는 아이 울음에 발목 잡힌 아내가
봄나물 한 무더기를 산다
저녁상에 올라온 머위무침 한 접시
하늘 가신 어머니가 좋아하시던 거라는
아내의 말 한마디에
숟가락질이 울컥거리는 저녁

국물 한 숟가락이 세상을 녹인다

바닥까지 곤두박질친 한파는
올라올 기미조차 없다
삼한사온은 언제 적 이야긴지
주차장에서 현관까지
불과 몇 걸음 걸었는데
가슴에 달려드는 한기가 매섭다
연일 이어지는 북풍이
온 나라를 꽁꽁 얼려버린 저녁
깡통에서 바다를 꺼낸 아내가
얼큰한 참치 찌개를 끓인다
한 숟가락을 떠먹으니
식도를 따라 파도가 출렁이며
내 뱃속은 바다가 된다
얼었던 몸에 훈기가 돌고
서걱거리던 가슴도 촉촉해진다
국물 한 숟가락의 온기
온 세상의 골목골목을 녹인다

만만한 음식

먹고 싶다 말만 하면
진한 국물의 잔치국수부터
열무국수 비빔국수까지
뚝딱 만들어내는 아내를 보며
세상에서 제일 쉬운 음식이
국수라 생각했었다

아내가 집을 비우던 날
국수를 삶다가 손을 조금 데었다
대충 한 끼 때우려고 잔머리 굴리다가
진한 통증을 맛보고 나니
수 없이 먹었던 아내의
국수 가락 가락에 담긴 정성이
울컥 목에 걸린다

이제부터 국수를
만만한 음식이라 생각하며
간단하게 국수나 해 먹자는 말
절대로 하지 말아야겠다

아내의 설날

찬바람 주름 깊이 맞으며
장을 보러 다닌다
집 앞에 있는 할인점을 마다하고
한 푼이라도 더 싼 장날을 기다린다

아들이 좋아하는 과일, 고기
손자가 좋아하는 햄, 소시지
냉장고 두 개가 그득하다

밀렸던 효도는
몇 푼 넣은 봉투가 대신하고
자식들은 제사를 모신다
서둘러 세배를 드리고
밥 한 그릇 후닥닥 먹는다

TV 채널을 돌리거나
휴대폰 속에 빠져들더니
차 밀린다는 핑계로 집을 나선다
아쉬운 눈길
자동차 꽁무니를 따라가지만
흐르는 눈물이 시야를 가린다

냉장고는 다시 동면에 든다
먹을 사람은 가고
남은 사랑은 시남없이 시들어 간다

끝나지 않는 전쟁

여기저기 파편들이 널려있다
이박삼일 치른 전쟁으로
만신창이가 되어버린 그녀는
자리를 보존한 채 누웠고
전쟁터는 기름 냄새가 진동한다
사십 년이 다 되도록 이어지는 싸움
이젠 이력이 날 만도 하건만
세월이 갈수록 후유증이 심각하다
화해도 외면도 할 수 없어
한해 두 번 숙명처럼 맞서는 전쟁
풋풋한 며느리 때는
이기는지 지는지도 모르게 지나갔고
이골이 난 사 오십 대에는
연전연승하던 때도 있었지만
손자가 넷이 되어버린 그녀는
얼굴 모르는 조상님부터
자식 손자들 그느르기가 끝이 없다
그녀의 전쟁
언제쯤 끝이 날 수 있을까

조기의 꿈

뜨거운 프라이팬 속에
조기 두 마리가 펄떡거린다
온 집안이 바다로 출렁이고
렌지후드가 넘치는 바다를 퍼낸다
접시에 나란히 누워있는
커다란 조기의 눈에서
증오의 광기가 번쩍거린다
분주히 숟가락질을 하는데
아내가 이것 좀 먹으라며
조기 접시를 밀어 놓는다
마주치는 섬뜩한 눈빛
생각 없다며 황급히 밀어낸다
남은 조기 한 마리
프라이팬으로 돌아가더니
페이퍼타올을 덮고 잠이 든다
용케 살아남은 조기는
서해 바다로 돌아갈 꿈을 꾼다

마지막 용돈

편지 한 장을 받았다
모습조차 애틋한 이름 석 자
설렘으로 개봉을 하니
생전 쓰시던 통장이 휴면계좌라며
잔액을 찾아가란다
은행으로 전화를 해서
이미 세상을 뜨신 분이라고 하니
몇 가지 서류를 안내해준다
서류를 발급받아 은행을 찾았다
이것 저것 확인하더니
내어주는 내역서와 현금
받아드는 손이 바르르 떨렸다
집으로 돌아와
아내에게 봉투를 건네며 말했다
큰며느리에게 주는
시어머니의 마지막 용돈이라고
아내는 오열을 했고
나도 눈물을 주체할 수 없었다
그날 저녁은 뜨는 둥 마는 둥
먹먹한 가슴은 밤새도록 뒤척였다

갈치, 사리를 품다

봄이 뭉그적거리는 휴일
오일장 구경을 나섰다
생선전 앞에 발을 멈춘 아내가
커다란 갈치에 눈을 맞춘다
만 원이 넘는 가격에 망설이더니
큰맘 먹고 한 마리를 산다
저녁 식탁에 올라온 갈치구이
쩝쩝거리며 발라먹는데
둥근 뼛조각이 나왔다
국산 갈치라더니 생선가게주인이
원산지를 속였다며 투덜거렸다
식사 후 상을 치우던 아내가
뼈가 다섯 개나 나왔다고 한다
그 말을 들으면서
고승들이 열반한 후에 수습된다는
사리를 생각했다
거센 파도와 맞서가며
천적의 아가리를 피하느라
평생이 고행이었을 갈치가
삶에 통달해 사리를 품었는데
그것을 비난하고
궁시렁거린 내 입이 머쓱했다

같이 가고 있었구나

耳順 넘은 나이를 생각하며
가는 세월만 탓했었다
남들은 다 멈춰있는데
나만 혼자 달리는 줄 알았었다
그러던 어느 날 아내가
손자가 중학생이 되었다 하기에
자식들 나이를 가늠해보니
아, 어느덧
내 아들딸도 不惑을 넘겼구나

고사리 손

천하를 잡아 보려고
두 손 움켜쥔 채 태어났었다
손이 발이 되도록 일하면
세상은 못 잡더라도
펴진 손을 다시
움켜쥘 일은 없을 줄 알았다
땀방울 마다않고 살며
양친 공양하고
아이들 건사하다 보니
그나마 잡았던 것조차
손가락 사이로 빠져나가 버렸다
주름 그득한 손을 보며
지난날의 삶을 생각해본다
먹고 싶고 가지고 싶은 것
덥석덥석 잡던 때가 아스라하다
시장에 갈 때마다
몇천 원 짜리 과일조차
이제 고사리손이 된다는
아내의 푸념 들을 때마다
오장육부까지 쪼그라드는
난, 은퇴자다

삼족계

외국에 살던 손주들이 왔다
아내와 둘이만 살아서
한 마리도 몇 번을 먹어야 하기에
좀처럼 시키지 않던 통닭을 주문했다
한참 만에 도착한 통닭 냄새에
거실이 먼저 배가 부르다
외국에서는 맛볼 수 없는
우리나라의 배달 음식
손녀는 오기 몇 달 전부터
한국에 가면 먹어야 할 음식을
40여 가지나 적었다며 보여줬다
한참을 맛있게 먹던 아이들이
갑자기 소란스럽다
통닭 한 마리를 시켰는데
다리가 세 개나 된다고 좋아했다
난 웃으며 우리나라 닭은 삼족계라서
다리가 세 개라고 농담을 했다
까르르 웃던 아이들은 다리 한 개를
할머니에게 양보를 했다
닭 다리를 받아든 아내는
슬쩍 내 눈치를 보며 맛있게 먹는다
난 먹는 걸 보기만 했는데
뱃속에 통닭 한 마리가 들어앉았다

순천만에 가을이 오면·1

갈대 유난히 서걱대는 날에는
가슴 먹먹한 그리움으로
떠나지 않고는 배기지 못합니다
구름은 가지 마라 손사래 치지만
마음이 먼저 길잡이 하여
칠면초 붉게 물든 그곳에 갑니다
갯고랑 드나드는 물길을 따라
해 질 녘 하늘이 넉장거리 치면
달아오른 바다엔 불이 붙습니다
먼 길 날아온 왜가리에게
밥그릇 빼앗긴 갈매기 몇 마리가
끼니 걱정에 허공을 맴돕니다
여름내 달궈진 추억 속으로
들물 날물이 숨 가쁜 순천만에는
가슴에 안기는 바람조차도
진한 그대 립스틱 냄새가 납니다

순천만에 가을이 오면·2

가을에 다시 오자고
그때 우리 약속했었지
갈대가 하늘보다 높아지고
바람 발 드세진 곳에 숨어
긴 입맞춤도 하자 했었지
용산 전망대에 올라
앞질러 가을이 된 칠면초도 보고
갈대가 연출하는
바람의 군무를 즐기자 했었지
철새가 풀어 놓는
시베리아 소식을 들으며
뱀처럼 기어 오는
붉은 노을도 보자 했었지
우리 그곳에 다시 가면
해야 할 것이 너무 많은데
그해 가을을 휑하니 보내고
여러 개의 가을도 지나갔지만
순천만엔 다시 가지 못했지

가을 날

산과 들에 초록색이
바람과 비와 햇빛에
시나브로 야위어간다

세월은 지나가면
무엇이든 변하게 된단다
세상을 움켜쥐려던 웅대한 꿈도
시선을 즐기던 젊은 날 모습도
천년만년 갈 것 같던 사랑도

나도 변했을까
아니라고 고개를 젓는다
어느덧 세월이 내려앉은
아내에게도 말한다
절대 아니라며 고개 흔들라고

드문드문 떠 있는 구름처럼
종일 여유롭던 오늘
사색에게 두들겨 맞은
가을 남자의 가슴엔
하늘처럼 파란 멍이 들었다

상림에서

당신이 없었다면
천년이 넘은 이 숲에
어찌 올 수 있었을까

연리목 앞에 손잡고
염원한 우리 사랑
천년세월이 지켜주겠지

몰래 하는 입맞춤
훔쳐보던 상사화
달아오른 얼굴 숲에 숨긴다

이목구비 합작

추워진 날씨는 종일 리모컨을 잡고 빈둥거린다 놀아도
시장기는 찾아들고 반찬을 걱정하던 아내는 내 허기에 떠밀려
주방으로 들어간다 달그락달그락 뚝딱뚝딱 눈은 텔레비전 화면에
귀는 주방에 코는 벌렁벌렁

식사하라는 부름이 채 끝나기도 전에 몸은 용수철이 되어
이미 식탁 앞이다 모락모락 김을 뿜는 매생이국 한 술 뜨기도
전 입안에서 남해바다가 출렁거린다

살과의 전쟁

잘 구워진 닭 한 마리
밤늦은 거실을 밝히고 있다
뱃살 계산으로 머릿속은 어지럽지만
입안에선 과속의 침이 내달린다
부르지도 않았는데
코를 벌름거리며 아내가 다가온다
기승을 부리던 열대야가
냉장고의 맥주를 꺼내고선
기름기 흐르는 안주까지 부른다
버림받은 텔레비전이
시끄러운 세상사 투덜거리며
비위를 긁어대지만
목을 넘는 맥주는 여전히 모르쇠다
한잔 두잔 술잔이 돌아
알코올에 떠밀려 일어서다가
러닝머신 앞 체중계에 발이 걸린다
더위와의 싸움은
치열한 살과의 한판 전쟁이다

아내들은 모른다

아내가 여행을 가거나
딸 집에 가느라 집을 비우면
아내들은 남편이 즐거워할 거라 생각한다
물론 그렇다
혼자 남은 남편들은 자유다

친구들과 밤새워 술 마시고
보고 싶은 TV 채널 골라가며
밤늦게까지 볼 수 있어서 좋다
늦잠을 자도 보채지 않고
침대에서 애벌레처럼 빠져나와서
화장실을 좀 어질러놔도 괜찮다

그러나 아내는 모른다
준비해놓고 간 반찬을 다 꺼내
진수성찬을 차려놓아도
아내와 먹는 라면 한 그릇보다
맛이 없다는 사실을
침대 한쪽 빈자리가 왜 그리 넓고
식탁 빈 의자가 얼마나 허전한지를

혼자 누리는 자유는 자유가 아니다

이보다 더 큰 구속은 없다

잔소리로 시작해서

잔소리로 끝나는 하루가 그립다

아내들은 꿈에도 모를

유치원생보다 더 유치한 남편들의 세계

나의 空約

아내에게 전원주택 백 채를 안겨줬다
뒷산이 아늑한 이십 평 흙집부터
잔디밭 가운데 수영장이 있는
유럽의 성을 닮은 이백오십 평 저택까지

이집 저집 들락거리던 아내는
그래도 성에 차지 않은지
정원을 늘려라 장미를 심어라 주문이 많다
어디서 새살림을 시작해야 할지

밤하늘 별부터 하나뿐인 달까지 따서
강가 별장에서 노을을 보자던
30년 전 사탕발림은 아직 요원하고
나의 空約은 여전히 빈 하늘이다

전원주택 용지 매입에서 준공까지
사진 속의 집들은 평화롭지만
난, 오늘 저녁
밤을 새워 집수리를 해야 할 것 같다

숟가락 마중

시장기가 허겁지겁 밥을 먹다가
음식을 떨어트려 옷을 버렸다
조심하라는 아내의 잔소리가
반찬이 되어 밥상에 올라앉는다

예전, 아이들 밥 먹을 때도
고개를 내밀고 먹으라 했고
연로하신 부모님께는
그릇을 당겨놓고 잡수라 했는데

식사 중 음식을 흘리는 것은
조심성이 없어 그렇겠지만
갈수록 흘리는 게 많아지는 걸 보면
이젠 나도 나이를 먹은 모양이다

늙었다는 말 듣기 싫으니
이제부터 음식 먹을 때마다
입으로 숟가락 마중을 가야겠다

달달한 詩

아내가 내게 묻는다
왜 당신 글에서는
향기가 나지 않느냐고

내 글을 읽으면
떫거나 쓴맛이 나서
입안을 겉돌고
때로는 가시가 있어
삼킬 수가 없단다

어떤 글은 제목만 봐도
눈물이 나고
또 어떤 글은 화가 치밀어
구겨서 쓰레기통에
던져버리고 싶단다

어제 쓴 글을 읽어본다
쓰고 떫어서
나도 삼키지 못했다

화합의 합창

봄이 미적거리는 오월의 휴일
성급한 더위가 30도를 넘나든다
리모컨과 씨름을 하는데
시장에 갔던 아내가 돌아왔다
달그락거리는 소리와 함께
음식 냄새가 게으름을 일으킨다
오늘의 메뉴는 메밀국수
벌써 입안에 침이 가득하다
고명으로 올린 상큼한 오이 냄새가
성급하게 목젖을 넘어간다
숨도 안 쉬고 그릇을 비우다가
식탁 위에 놓인 포장지를 봤다
미국 밀가루 중국 메밀가루
인도 콩 인도네시아 가쓰오브시
캐나다 겨자가루 한국산 파와 김
식탁 위 원형무대에
여섯 나라 대표들이 출연했다
젓가락을 놓고 돌아서니
뱃속이 화합의 합창으로 가득하다

멸치 살이

아내가 차린 저녁 상위에
아직 온기로 뛰는 멸치볶음
이 작은 물고기들이
무에 그리 큰 죄를 지었다고
열탕 지옥을 들락거렸을까
등짝에 달라붙은 뱃가죽이
고단했던 생을 말하고 있다
끝없이 달려드는 파도와
시커먼 아가리를 피해 가며
수많은 사선을 넘고 넘었겠지
깨어있는 순간마다
뼈대 있는 가문임을 기억하고
고래 같은 꿈도 꾸었을 거야
하지만 이 세상은
강한 자만이 살 수 있으니
네겐 꿈꾸는 일조차도
감당하기 힘든 삶이었을 거야
접시에 담긴 한 무더기 주검
가물거리는 민초들의 탄식
천리만리 달아나는 이 입맛을

사랑이 칭얼거리면

사랑이 칭얼거리면
나의 하루는
바람 빠진 풍선이다

종일 좀비처럼 휘적거리다
뭐 하나 잡지 못한 채
빈손으로 저녁을 맞는다

다리는 휘청거리며
단 하루만이라도
게을러 보라지만
먹이를 쫓는 맹수 같은 세상은
작은 바람조차 허락하지 않고
윗목에 누워있는
빚쟁이처럼 비웃는다

허공을 보는 눈길
때론 외면하다가도
재롱을 부리며 관심을 끌어
늘어진 사랑을 곧추세운다

돼지꿈 꾼 날

아침상 머리에서 꿈 이야기를 했다
아내는 복권이라도 한 장 사라 한다
내복에 뭔 복권하며 상을 물리고 일어섰다
종일 분주하다 보니 해가 설빗해졌나
시장기를 다독거리며 집에 가는 길
제 몇 회 1등 당첨 !!
플래카드가 펄럭거리는 복권가게 앞에서
발길이 머뭇거린다
복권을 사는 일에 익숙지 않아
선뜻 들어서기가 어색하다
혹시 누가 볼까 하는 알량한 자존심이
사방을 빠르게 살피다 냉큼 들어선다
복권 숫자를 적으려는데
복권 번호표를 잡고 테이블에 앉아있는
늙수그레한 남자가 눈에 들어온다
눈을 지그시 감고 생각에 잠긴 모습
세상의 모든 신에게
좋은 번호를 점지해 달라고 기도 하는 듯
그 표정이 사뭇 진지하다
간절하게 바라면 이루어지나니
이번 주는 저 남자의 절실함이 먼저다

콩나물 키우기

내 가슴에는 날마다
커가는 것이 있습니다
봄날 양지쪽 새싹처럼
비 온 뒤 솟는 죽순처럼

아무리 쏟아 부어도
다 새버려
남는 게 없다 투정을 부리지만
시나브로 자라서
결국은
가슴속 전부를 차지해버리는

우리 사랑은
콩나물 키우기입니다

가을사랑

가을이면 유난히 당신이 보고 싶다
미루나무 그늘아래 바람 속에서
萬魚寺 너덜겅 바라보며
긴 침묵으로도 서로를 느끼는 사람이다

그윽한 눈빛만으로도
며칠 밤낮을 떠든 것처럼
서로의 가슴으로 전해지는 이야기가
시냇물처럼 졸졸 흐르는 사람이다

감로수처럼 맑은 영혼을 가져서
본능에 흔들리지 않으며
삶에 얼룩진 지난 시간까지도
따뜻하게 다독여주는 사람이다

바람 부는 날이면
구절초 향기 날리는 오솔길을
구름 따라 함께 걷고 싶은
내가 정말 사랑하는 사람이다

가을밤

섬진강 속살거림이 이끌어
거침없이 달려갔지요
솔 내음 가득한 솔숲은
기꺼이 너른 품을 내주었어요

그리 낯선 곳은 아니지만
오늘은 혼자가 아니라며
바람이 속살을 자아 감싸 안네요

어둠의 재잘거리는 밀어와
가로등 불빛 속의 웃음들
강물처럼 한없이 흐르고 싶어
덩달아 그 품에 숨어들었어요

윤슬이 쉬어가는 강변에서
솔바람을 거닐던 다소니
그 밤 여전히 눈에 선해요.

제2부

아내가 없는 詩

당신이 올 것 같아

오늘은 왠지
여행 떠났던 당신이 올 것 같아
집 안 구석구석 청소를 한다
오래 집을 비웠지만
들어서는 집이 깨끗하면
돌아온 당신이
좋아할 것 같아서
청소기를 돌리고
씩씩거리며 바닥을 닦는다
변기도 솔질하고
화장실도 열심히 치운다
세탁기 사용법을 몰라서
딸에게 영상통화를 해가며
밀린 빨래도 해서 널었다
미뤄두었던 설거지를 한 후
싱크대의 물기도 닦고
쌓여있던 그릇도 정리하니
오랜만에 집이 화색이 돈다
이제 당신만 오면 된다.
그런데,

그리움

구름이 놀다간 금호 강변에
어스름이 내려와 자리를 잡으면
강 건너 아파트에
창문들이 하나둘 깨어난다

바람이 등 떠미는 길
싫은 내색의 발걸음
왈칵 안기는 당신
그때 여기서 그 말을 했었지
계단을 오를 때 잡았던 손
아직도 기억은 따뜻한데

보내야 한다는 것을 알지만
억지로 밀어내려니
와락 안기는 그리움은
사십삼 년의 시간을 넘나든다

빈집

집을 나서면 아무도 없어요
돌아올 때까지 비어있을 거예요
정적은 더욱 두터워질 것이고
밤새 체온이 데워놓은 방은
아주 천천히 식어 갈 거예요
찬 바람이라도 좋으니
기척이라도 하고 가라며
조금 열어 둔 창문으로
당신이 하늘에서 내려와
잠시 다녀갔으면 좋겠어요
현관문을 닫고
골목길을 나서기 전에
그 창으로 당신이 오는 것을
느낄 수 있었으면 좋겠어요
어둠이 등 떠밀어
다시 집에 들어오면
차갑게 식어버린 그 날의 손길이라도
나를 감싸 안으며
내일은 오늘보다 따뜻하라고
말해주었으면 좋겠어요

가을이 지날 때

늦은 가을 저녁을 지날 때
높은 산의 봉우리도
강줄기를 흘러가는 물굽이도
강둑 저 건너편 마을도
가파른 골목길도
텅 빈 들녘도
고개 숙이고 걷는
내 곁을 따라온다
걸치고 있는 점퍼 주머니에는
이미 지나온 생의
그 어스름한 빛 한 줌이
고스란히 들어 있고
이 세상 오기 전
전생의 아내가 내게
이승에 도착하면 읽어보라고
오열하며 쓴 편지가 있었는데
험한 길 걷다 보니
가마득히 잊어버리고
허공 간에 빛바래져
내용을 알 수조차 없는데
이제 이승에는
편지 한 통 써줄 아내가 없다

    2년 전 내가 협심증으로 스텐트를 3개 삽입하는 시술을 받고 나왔을 때, 난 이제 몸이 많이 안 좋으니 내가 죽고 난 후 10년만 더 살고 뒤따라오라고 했었는데 아내가 먼저 우리 곁을 떠나버리고 아내의 제사상을 내가 차렸다.

아내의 첫 기일에

하늘이 무너져 세상이 끝나고
내일은 없을 것 같았는데
나는 아직도
고단한 생을 끌며 살고 있네요

옛날 살던 곳으로 이사 간 후
딸아이 사는 뉴질랜드에는
일등석 비행기 타고 가자더니
까만 리무진 타고 떠나버렸네요

그렇게 황망하게 떠났는데
아무 일 없는 것처럼 살아 미안해요
당신이 미처 살지 못한 생의 대가를
눈물이 마르기도 전에
달게 먹어 버린 것도 미안해요

엊그제 같은데 벌써 일 년
그렇게 보고 싶다 하던
어머니를 만나서 좋은가요
곤했던 지난 삶 다 잊고
우리들 걱정은 하지 말아요

아들딸과 손자 손녀들
당신 걱정하지 않도록
내가 더 열심히 애써볼게요.

잔소리조차 그립다

고요가 깊다 너무 깊다 보니
옆집 남자의 소변보는 소리부터
위층의 발자국 소리
어느 집의 침대 삐걱거리는 소리
지나는 바람 소리까지 선명하다

이 시간쯤이면
주방에 아내의 밥 짓는 소리와
라디오 노래를 따라 흥얼거리는 소리
밥 먹으라 부르는 소리가 들렸었는데
이제는 벽시계 초침만 분주하다

소변은 튀지 않게 보고
세면기 쓰고 나면 물기를 닦아놓고
젖은 수건은 빨래통에 넣어라
양말은 왜 뒤집어 벗어놓느냐는
신혼 때부터 듣던 소리들

아침에 눈을 뜨면서는
피곤하다 하지 말고 일찍 좀 자라
밥 먹을 때 반찬을 골고루 먹어라
칠칠맞게 흘리지 말고

숟가락 마중을 가라는 소리까지

그런 소리와 함께 살아온
티격태격 사십 삼년이었는데
말 한마디 들리지 않으니
시간이 갈수록
이젠 당신의 잔소리조차 그립다

지워지는 흔적

날씨가 호되게 추운 날
운동을 가는 것을 포기하고
아내의 옷가지를 정리했습니다
평소에 자주 입던 것부터
체취가 묻어있는 속옷과 양말
사다 놓고 한 번도 안 입었던 것까지
여기저기 서랍을 열어가며
꺼내 놓으니 방안에 수북합니다
난 덤덤하게 노끈을 가져와서
차곡차곡 개어서 묶었습니다
옷장 속에 있을 때는
이렇게 많은 줄 몰랐는데
막상 버리려고 꺼내 놓으니
속옷과 하의 종류만 해도
커다란 뭉치가 네 개입니다
이제 상의를 정리해야 하는데
흔적이 다 지워지는 것이 두려워
걸린 재킷을 몇 개 들어냈다가
다시 제자리에 걸었습니다
이렇게 조금씩 조금씩
집안에도 마음속에도
아내의 흔적이 엷어집니다

하지 못한 것들

가을이 오면
우린 해야 할 일이 많았어
나의 방랑벽 때문에
전국을 떠돌아 다니다 보니
친구들을 자주 만나지 못해
늘 외로워하던 당신이기에
올가을에는
벗들이 있는 양산으로 이사하고
강원도로 차박을 가자 했었지
수많은 곳을 여행하고
높은 산도 많이 올랐었지만
가보지 못한 백령도 대청도도 가고
유럽 여행도 가자 했잖아
9월이 가고 가을은 깊어지는데
하지 못한 것만 잔뜩 남기고
당신이 떠나버려서
이제는 아무것도 할 수가 없어
왜 작년 가을에 저것들을 못했을까
43년을 기다려준 당신에게
1년을 먼저 생각하지 못했으니

여보, 미안해
여보, 사랑해……

어쩌다

당신과의 이별을
두 귀로 생생히 듣고
두 눈으로 똑똑히 보고
차갑게 식은 두 볼을 잡고
짧은 입맞춤으로 보냈는데

무엇이 문제인지
왜 그렇게 되었는지 모를
헝클어진 실타래가
깊이를 알 수 없는 바닥에
죽은 듯이 웅크려 있다

그러다 왈칵
그날의 싸늘한 기억이
분수처럼 솟아오르면
아무리 용을 써도 버틸 수 없어
속절없이 무너지는 나

밤 그리고 눈물

비가 오고 눈이 오는 것은
사람들이 운 것을 더는 받아 둘 곳이 없어
하느님이 조금씩 비우는 것이다.

그렇게 마음의 위안을 받고 싶은 밤
하느님은 어떻게 우실까 생각하는 밤
어둠은 하느님이 우시는 시간
수많은 별은 하느님의 눈물방울

나는 모로 누워
당신을 그리워하며
하염없이 눈물을 흘리다 잠이 든다

혼자 먹는 국수

가을 햇살이 소나기처럼 퍼붓는 날
습관처럼 익숙한 길을 걷는다
지나는 곳마다 함께했던 기억들이
호객행위를 하고 있다
팥빙수 한 그릇으로 두 입이 웃던 곳부터
고래고래 소리치며 다투던 곳에서는
참으라고 옷깃을 당기던 당신이 있다
우뭇가사리가 든 콩국 한 병으로
이마의 땀을 식히던 곳을 지나니
내 집처럼 드나들던 국숫집이 나온다
가슴은 그냥 지나치려는데
발이 본능적으로 출입문을 연다
어서 오세요. 왜 혼자 오셨어요?
의자에 앉기도 전에
주인아주머니의 질문이 달려들지만
눈길을 외면 한 채로 툭 던진다
잔치국수 한 그릇 주세요
입을 꾹 다물고 젓가락을 만지작거리며
국수가 나오기를 기다린다
음식을 들고 온 주인이 무슨 말을 하려고
입술을 들썩거리다가
힐끔 내 얼굴을 보고 이내 돌아선다

국수 그릇을 앞에 놓으니
한참이나 가슴이 먹먹해진다
슬금슬금 눈치를 보던 주인이
애먼 TV 리모컨을 만지작거리고
난 그제야 불어 터진 면발을 건진다

세 시간

비 오는 밤
고래고래 소리라도 지르면
막인 가슴 시원할까 해서
노래방에 갔어
혼자서 두 시간을 하겠다니
주인이 이상한 눈으로 보더라
내 노래 한 곡 부르면
당신이 즐겨 부르던 노래를 불렀어
여러분, 수은등, 보랏빛 엽서
그리고 목포행 완행열차까지
당신이 부른다 생각하며 불렀지만
눈물 때문에 거의 부르지 못했어
절반은 울고 절반은 악쓰며
입력된 시간을 다 보냈는데도
막힌 가슴은 여전하더라
주인이 서비스라며
한 시간을 더 넣어주어서
세 시간을 울다 나왔지만
내리는 비처럼
눈물은 멈춰지지 않았어

당신은 부재중

그대가 없는 일상은
머릿속이 하얗다
가슴엔 바람이 드나들고
온몸은 힘이 빠져
눈에 붙은 눈곱도 무겁다
밥숟가락 들기 귀찮아
뜨는 둥 마는 둥
온종일을 허기지게 보낸다
든 사람은 표 없지만
나간 자리는 크다는 말
새삼스레 깨닫는다
혼자 남은 사람이
감내해야 할 일상이지만
평상심을 잃어버리고
맥을 놓아버려
할 일은 많아도 하지 못하는
당신이 없는 날들

여인이여

세월에 무뎌진 기억이
사진 앞에 다가선다
남이 볼세라 감춰온
보름달 밤 박꽃 같은 얼굴
분명 멀리 떠나갔는데
되돌아와 서성이는 여인이여
가슴 먹먹한 통증으로
잠들지 못하는 오늘 밤
달빛은 폭포처럼 쏟아지고
그리움이 밀물처럼 안겨
베갯머리가 흠뻑 젓는다

당신이 없는 추석

당신이 떠났어도
추석은 여전히 찾아오네
매년 이맘때면
자식들 먹일 것 사 나른다고
종일 장터를 오가면서도
다리 아픈 것도 잊었는데
포도송이처럼 주렁주렁
비닐봉투를 든 얼굴에는
사 온 물건보다
웃음이 더 많았던 것 기억해
이제 그만 사오라는 말에
서운해 하던 것도 생각나
아꼈던 용돈을 다 털어
냉장고를 채워두곤
며칠 후 올 자식생각에
밤잠을 설친 것도 알고 있어
늦은 저녁을 먹고
바보상자를 기웃거리는데
지나는 바람이 당신인 듯
현관문이 달그락 거리네
명절이 다가오니
당신이 더 보고 싶다

오래된 운율처럼 우리는

43년을 함께 하면서
당신 때문에 행복했다는 걸 알아
오래전부터 전해오는 운율처럼
커졌다 작아졌다 하면서도
우리는 잘 어울렸잖아
삶에 무게에 힘겨워하는 날 위해
주절대는 내 넋두리도
외면하지 않고 귀 기울여주며
따스한 가슴으로 안아 주었어
내가 멀리 떨어져 있을 때나
가까이 있을 때나
당신은 항상 내 곁에 머물러주었어
낯선 거리를 떠돌다가도
저쪽 어디쯤에선가 손 흔들며
나를 기다리고 있으면 좋겠다 생각했어
당신은 항상 나를 위해
끝없는 격려로 힘을 보태주었어
당신과 나는
잘 어울리는 동반자였거든

이 길의 끝에

무거운 발길 터덜터덜
이 길 끝에 닿으면
그리운 얼굴 있을까
축 처진 몸뚱이 곧추세워 줄

당신을 만나면
하고 싶은 말이 참 많아
귀로 본 세상
눈으로 들은 소리들

밤새워 주절일 거야
포근한 무릎 베고
몇 날 며칠
내 영혼이 잠들 때까지

이 길의 끝에
언제 다다를지 모르지만
결국 가게 될 거야
거기에는 당신이 있으니까

눈을 뜨면 너는

아침에 눈을 뜰 때
피아노 건반 같은 미소를
매일 볼 수 있었으면 참 좋겠다

김이 모락모락 나는 검정 콩밥에
정성과 손맛으로 끓인
된장찌개도 먹었으면 좋겠지

출근 때마다 현관에 서서
체리 향 나는 입술을 느끼면
발걸음은 깃털처럼 가벼울 거야

정신없는 하루 일과도
너를 생각하면 입이 귀에 걸리고
퇴근길 잡는 술친구도 뿌리치겠지

내 하루의 시작과 끝은
온통 너 인데
눈을 뜨면 넌 가슴속에만 산다

웃으며 그리워하자

그리움 그렁그렁
아카시 꽃처럼 매달렸어도
이젠 슬퍼하지 말자

살아 숨 쉬는 동안에는
끝나지 않을 기다림이라면
함께 먹고 자는 일상 같은 것
삶의 일부라 여기며 살자

별의 눈물은 시린 새벽 탓
나무의 울음은 지나는 바람 탓
내 그리움은 먼저 떠난 사람 탓
사랑을 탓하며 울지는 말자

살다 보면 가끔은
잊고 살 때도 있겠지만
달력이 한 장 한 장 찢겨도
이젠 웃으며 그리워하자

우리 사랑한 적이 언제인지

당신은
붉은 단풍잎 사이에서
물안개로 피어나던
주산지의 여인이었을까

물고기 변해 바위가 되었다는
너덜겅을 내려다보며
미루나무 바람으로 여름을 식히던
만어사의 여인이었을까

메타세콰이어 길을 걸으며
미니 기차를 타고 갈대숲을 달리던
남이섬의 여인이었을까

창호지 문틈으로
달과 별을 함께 보며
구들장보다 뜨겁던
황토집의 여인이었을까

보라색 장미 한 다발 들고
라이브 음악을 들으며
스테이크에 레드와인을 마시던

미사리의 여인이었을까

아, 이젠
당신의 모습이 아스라하다

바보 천치의 사랑 법

복잡하게 엮긴 인연들과
어울렁더울렁 좌충우돌 살았지만
영원히 식지 않을 것 같던
뜨거운 관심도 인맥도
세월 흐르니 싸늘해졌다
세 치 혀가 만든 존경과 사랑은
결국은 허상이었고
남은 것은 외로움뿐이었다
늘 넘치는 것도 아니고
넘치는 것을 저축했다
다시 찾아 쓸 수도 없는 관심
식은 사랑을 다시 데워보려고
눈물 젖은 나뭇가지로
뒤늦게 불을 피우려니
눈물 콧물에 속까지 쓰렸다
그래서 나는
진실한 사랑 하나를 위해
너를 선택하는 순간
나머지 인연은 모두 버렸다
이제 내 사랑 법은
바보 천치처럼
오직 한쪽만을 보는 것이다

본능만 남았다

모든 것이 무너진 후
내게 남은 건 본능뿐이다
눈뜨면 먹을 것을 생각하고
먹고 나면 또 뭔가를 사러
마트를 들락거리고
휴대전화로는 쇼핑몰을 찾는다

강변을 걷고 시장을 배회하다
무작정 차를 달려
바다로 산으로 가보지만
가는 곳마다 함께했던 기억이
웅크리고 있어
아내 생각이 더 많이 난다

어디를 갈까 누구를 만날까
휴대폰을 만지작거려보지만
저장된 수백 개의 연락처도
아무런 위안이 되지 않는다
아내가 있을 때나 혼자일 때나
24시간은 같은데
내 하루는 너무나 길다

늦었다. 너무

젊었을 때 아내에게
넝쿨장미가 담장에 흐드러진
정원이 아름다운 집에 살게 해준다고
큰소리 뻥뻥 쳤는데
아직 장미는 심어보지도 못했다

5월이 되었고 당신은 떠나고

생전에 장미 한 다발 안겨줬는지
기억이 가물거리는데

당신이 잠든 산에 가는 길가에
붉은 장미가 줄지어 피어있다.

넝쿨장미,
늦었다, 너무 늦었다

눈물 몇 방울

당신을 만나러 왔다
커피 한 잔, 과일 몇 개
찬바람이 먼저와
입맛을 다시며 지나간다
이렇게 백번 천번 아니 수만 번을 찾아와
하소연해서 당신이 돌아온다면
내 생명이 끝날 때까지라도
찾아와 무릎을 꿇고 빌겠지만
떠나간 당신은 소식이 없다.
오늘도 이렇게 눈물 몇 방울 떨구다
돌아서는 발길이 무겁다
다 부질없다는 걸 알지만
난 또다시 당신을 찾아올 것이고
마른 눈물 몇 방울 떨구고 가겠지

내가 만든 국수를 당신과 먹고 싶다

당신이 해주던 잔치국수가 생각났다
그때의 왕의 국수는 아니더라도
당신의 사랑이 넘치는 국수 한 그릇이면
이 겨울도 따뜻하게 보낼 것 같았다
오늘 큰맘 먹고 사고를 쳤다.
냉장고를 털어서 육수가 될 만한 것들을
다 넣어 국물을 만들고
계란 지단과 애호박 당근도 볶았다
묵은김치를 잘게 썰고 양념장도 만들었다
그렇게 네 시간 만에
생전 처음 만든 국수로 늦은 점심을 먹었다
칼질이 서툴러 고명이 고르지 않아서
모양은 좋아 보이지 않았지만 그런대로 먹을 만했다
국수를 먹는데 눈물이 났다
국수 한 그릇 먹기가 이렇게 힘이 드는데
난 당신에게 수시로 국수를 해달라고 했으니
그 수고로움에 미안함과 후회가 밀려와
국수 가닥을 목구멍에 넘기는 게 힘이 들었다
좀 더 일찍 내가 깨달았으면
이렇게 내 손으로 잔치국수를 해서
당신과 함께 겨울 저녁을 함께했다면
당신은 내게 얼마나 고마워할까

왜 난 이렇게 뒤늦은 후회만 하는 것이지

아내가 해준 국수

내가 만든 국수

이제 울지 말아요

당신은 이제
우리를 위해 울지 말아요
내가 눈물을 흘리더라도
안쓰러워하지 말고
이승의 시름은 모두 잊으세요
혹여 내가 흘리는 눈물이
측은해 보이더라도
악어의 눈물이려니 생각하세요

일백일

내일이면 당신이 떠난 지 일백일
젊은 애들처럼
무슨 기념일을 챙기는 것도 아닌데
하루하루 날짜를 세고 있다

뭐라도 해야 할 것 같은데
아무것도 할 수 없는 나

빨리 보내주고 싶은데

2024년 첫눈이 온 날 아침
당신이 누워 있는 소나무 아래서
난 눈물 몇 방울을 떨군다
매번 올 때마다
후회와 다짐을 반복하고도
돌아서면 바로 잊어버리면서

내가 떨구는 눈물의 의미를
당신은 어떻게 받아들이는지
난 알지 못하지만

당신의 기억을 오래 잡고 있으면
영혼이 떠나지 못할 것 같아
빨리 보내주고 싶은데
그것이 마음대로 되지를 않는다

소나기 오는 날

소나기가 후드득거린다
지붕은 타악기를 연주하고
심장이 리듬을 타며
잠들었던 추억을 깨운다
구름을 눌러 쓴 산그리메
수묵화 같은 풍경 속에
빗방울의 장엄한 연주를
혼자 듣는 것이 안타깝다

그날 만어사 너덜경도
이런 연주를 하고 있었는데
빗방울처럼 식어버린 가슴에
네 생각이 울컥거린다
부드럽고 따스한 미소
다정한 목소리가 그리워지고
얼굴을 스치는 바람에서
익숙한 립스틱 냄새가 난다
뜨거웠던 그 시절
너와 함께 하던 때가 그립다
빗방울이 굵어지는 만큼
나는 점점 너의 곁으로 간다

눈물

그날의 일
두 귀로 생생히 듣고
두 눈으로 똑똑히 보았어도
무엇을 들었는지
무엇을 보았는지
까마득하다

측량할 수 없는
눈물샘 밑바닥에
웅크려 있는 당신

내 의지와는 상관없이
흐르는 눈물을 닦을 때마다
가슴이 아프다

무엇을 들었는지
무엇을 보았는지
가물가물하지만
그 밤의 기억
하염없이 손등에 써진다

아내가 떠난 후에 장롱을 정리하다 발견한 노트.
43년 전 연애할 때 써 주었던 노트를 지금까지 보관해왔네요.
추억을 회상하며 다시 읽어봅니다.

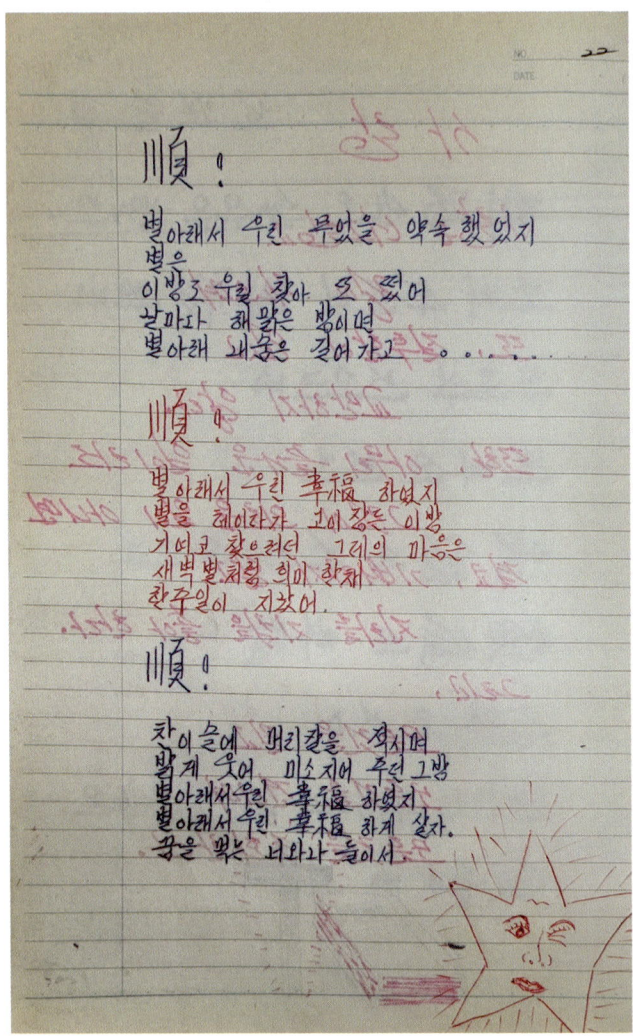

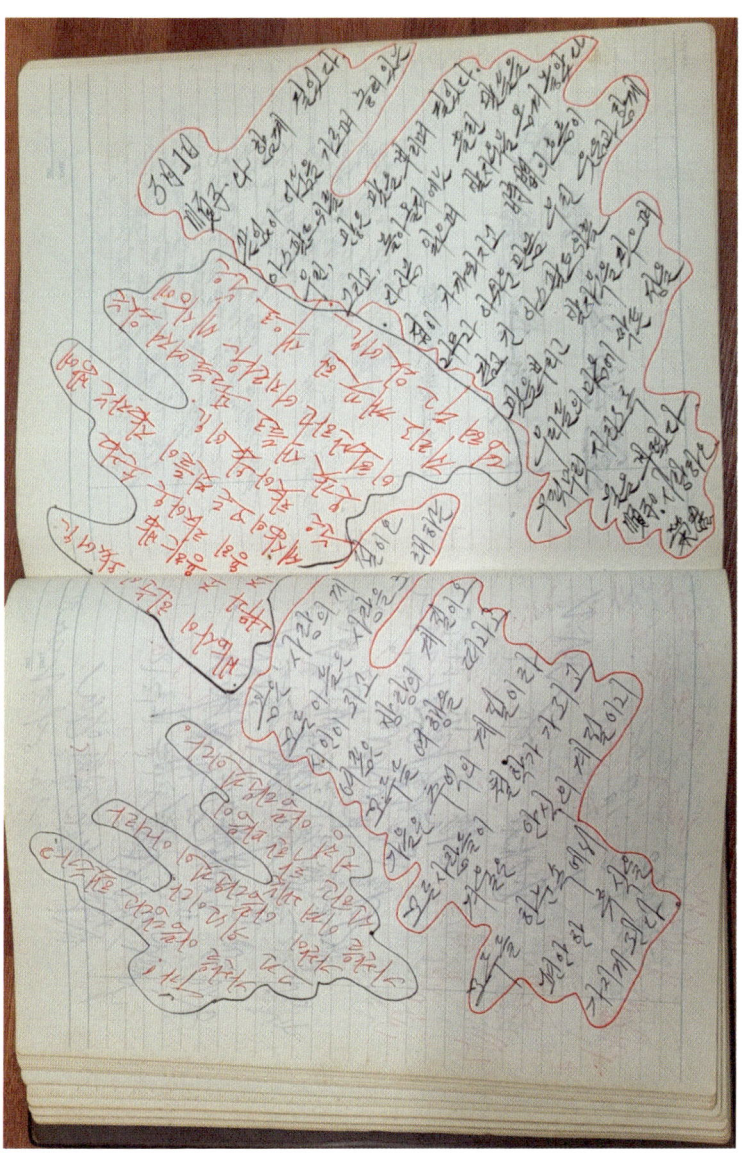

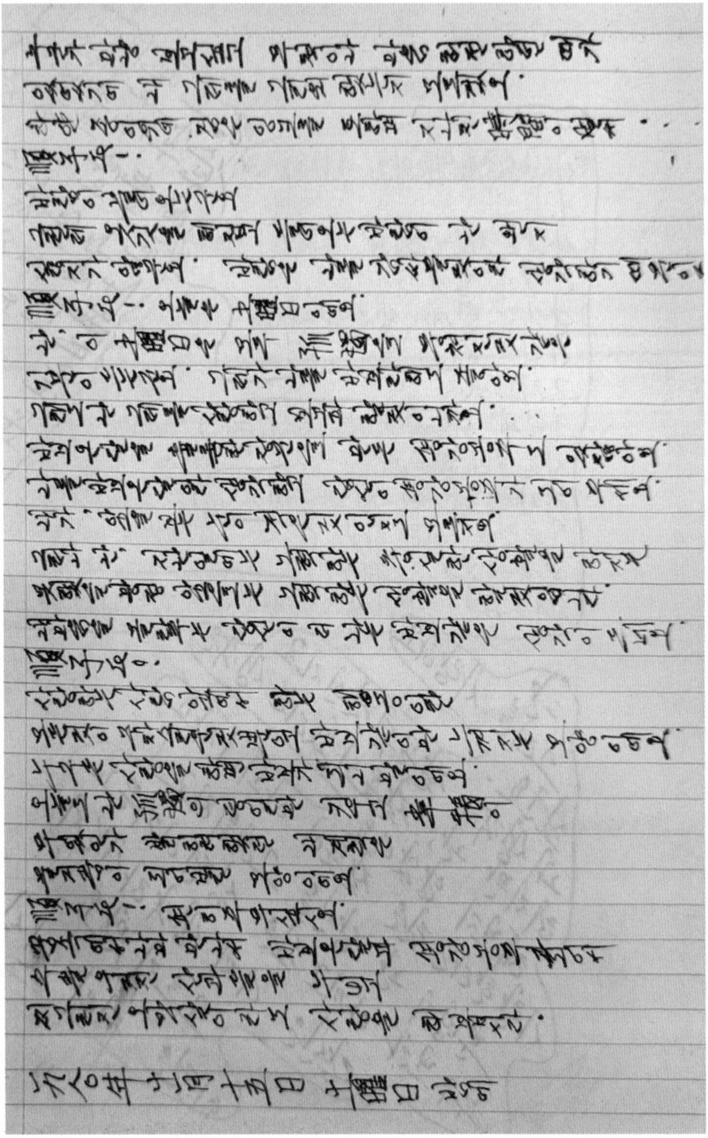

You

당신의 소리는 沈默 인가요
당신이 노래를 부르지 아니 할때도
당신의 노래 소리는 역력히 들립니다.
당신의 소리는 沈默 이에요.

당신의 얼굴은 黑闇 인가요?
내가 눈을 감을때도
당신의 얼굴은 보여집니다.
당신의 얼굴은 黑闇 이에요.

당신의 그림자는 光明 인가요?
당신의 그림자는
달이 넘어간 뒤에
어두운 창에 비침니다.
당신의 그림자는 光明 이에요.

당신의 마음은 潮水 인가요?
당신의 마음은
그리워 하는 내마음 속에
잔잔한 물결 보내 줍니다.
당신의 마음은 潮水 이에요.

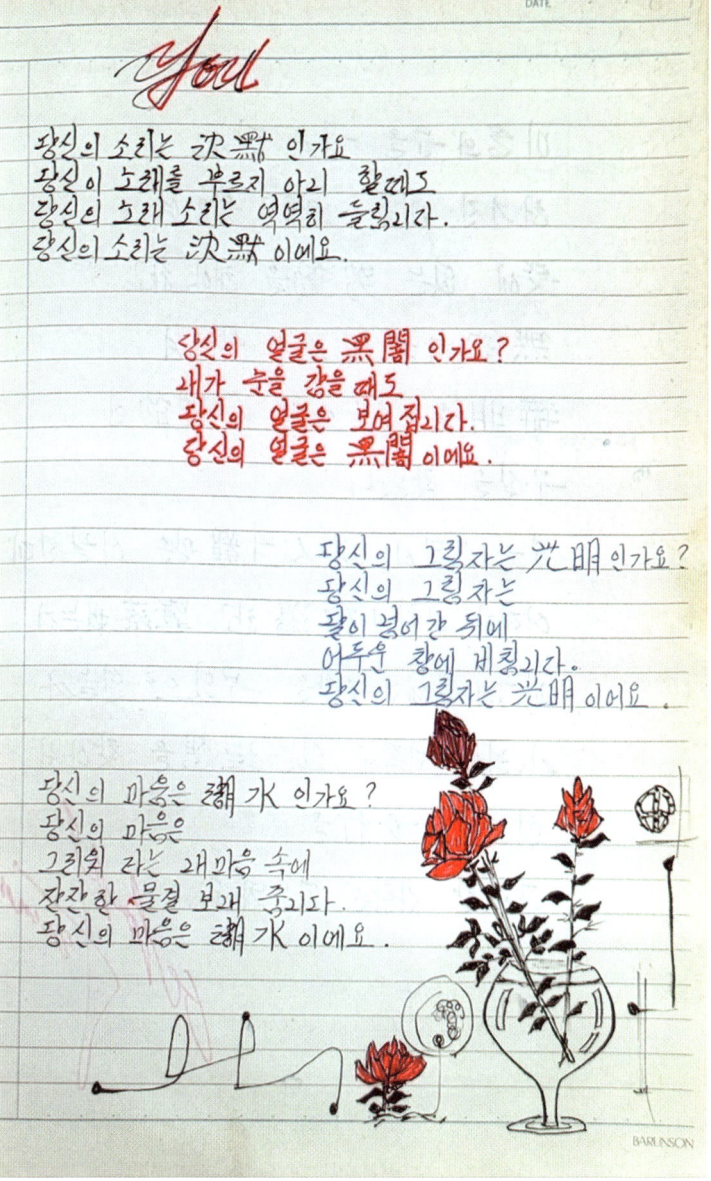

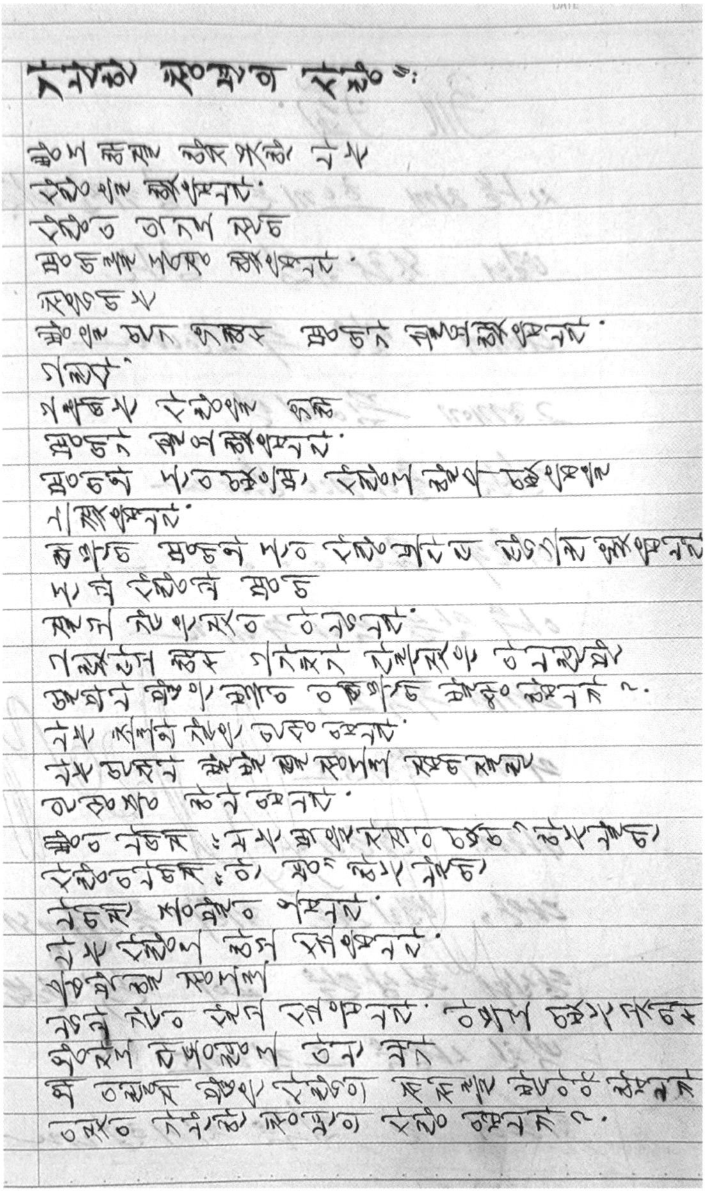

제3부

아내가 있는 수필

아내의 숨소리

조심스럽게 문틈으로 아내가 자는 방을 살펴본다.
밤새 잠은 잘 잣는지? 어디 아픈 것은 아닌지?

잠시 들어가 보려다, 혹시 피곤해서 늦잠을 자는 것이라면 방해가 될까봐 그냥 돌아선다. 일어날 시간이 지났는데도 아무런 소리가 나지 않으면 은근히 신경이 쓰여 언제부터인가 하는 습관이다. 아내와 방을 따로 쓰게 되면서 서로의 기척을 느끼지 못할 때 불현듯 스치는 불안감이 생기면서 그러는 것이다.

물론 기우겠지만 얼마 전 친구의 아내가 갑자기 세상을 뜬 소식을 들어 상가에 다녀온 적이 있고 가까운 지인이 잠을 자다가 졸지에 우리와 이별을 한 경우도 있었다. 그리고 가끔 뉴스에서 들리는 돌연사 소식을 들을 때마다 환갑을 넘어 고희를 향해 가는 우리 부부에게도 그런 불행한 일이 찾아오지나 않을까 하는 우려가 문득문득 생겨서 그렇다.

옛날에는 방 한 칸에서 아들딸과 살 부대끼며 산적도 있었고 또 젊었을 때는 죽으나 사나 부부는 한방에서 자야 한다는 생각에 싸움을 해서 등을 돌리고 자는 한이 있더라도 같은 침대에서 잠을 잤다. 어쩌다 내가 술에 취해서 늦게 들어오는 날에는 지독한 술 냄새와 잠꼬대, 그리고 이를 가는 습관이 있는 나 때문에 잠을 제대로 못 잤을 텐데도 아내는 늘 내 옆에 있었다.

그런 날은, 밤새 뒤척이다가 새벽녘에 잠이 들어 곤하게 자고 있는 아내의 숨소리를 들으며 미안해하기도 했었다.

또, 유난히 추위를 많이 타는 나는 침대의 온도를 높이고도 두꺼운 이불을 덮고 자다 보니 가벼운 이불과 적당한 온도를 좋아하는 아내와는 잠자리 환경이 달라서 약간의 실랑이가 있어도 잠자리만은 늘 함께했었다. 그러다 몸과 마음에 여유가 생기면서 글을 좀 쓴다는 핑계로 늦게까지 책을 읽다 잠드는 날이 많아지니 새벽녘에 침실에 들어가면 아내가 잠을 깰까 봐 아예 내 서재에다 침구를 들이고 잠자리를 따로 하게 된 것이 우리 부부가 각방을 쓰게 된 계기다.

모시고 살던 부모님도 차례로 하늘의 별이 되셨고 아들딸도 성장해서 출가하고 나니 아내와 둘만 남은 집에 우리 부부의 목소리는 줄어들고 문틈으로 새 나오는 텔레비전 소리가 대부분이라 같은 공간이라지만 벽 하나 사이에 일도 가서 확인하기 전에는 무슨 일이 일어나도 알 수가 없다.

우리나라도 점점 인구가 줄어들어 1인 가구가 많아지고 또 고령화 시대가 되면서 나이 든 부부만 남은 집들이 많아졌다. 그리고 서로의 잠버릇이나 습관이 다르고 나같이 잠드는 시간이나 잠자리의 환경이 달라서 각자의 방에서 따로 잠을 자는 사람들이 늘어났다. 그런 집들은 대부분 나 같은 생각을 한 번쯤 해보고 아내의 숨소리, 혹은 남편의 안녕을 걱정하며 살며시 곁에 가서 확인을 하고 안도하는 집들도 있을 것 같다.

옛날에는 대부분 대가족을 이루며 살았기에 가족의 숫자는 많은데 주거 공간이 협소해서 방 하나에 여러 명이 잠을 자니까 그런 걱정은 없었겠지만, 요즘은 아파트나 오피스텔 같은 집에서 가족이라고 해야 두 명에서 많아야 서너 명이 각각 방 한 개씩을 차지하고 살다 보니 옆 사람의 숨소리를 듣지 못한다. 하물며 가족이 이럴 진데 이웃집은 더욱 그러하다. 누가 사는지 얼굴조차 모르는 집이 대부분이라 옆집에서 어떤 일이 일어나도 알 수가 없다. 그러다 보니 가끔 혼자 살던 사람이 세상을 뜬 지 며칠 혹은 몇 달 만에 발견되는 일도 신문방송에서 듣기도 한다.

사람의 명은 제각각 달라서 아무리 부부라도 한날한시에 세상을 뜨지는 않을 것이다. 세월이 흘러 부부 중 어느 한 사람이 먼저 이승의 끈을 놓게 되면 서로의 숨소리를 듣고 싶어도 듣지 못할 것이다. 그러니 살아 있을 때 서로의 숨소리를 자주 들어야 할 것 같다. 물론 지금이라도 같이 잠을 자면 매일매일 아내의 숨소리를 들을 수 있겠지만 이십 년을 넘게 따로 잠을 자던 습관은 참 고치기가 어려운 것 같다. 그래서 나는 쓸데없이 들락거린다고 잔소리를 들으면서도 아내가 있는 방을 자주 드나든다.

밤이 찾아왔고 또 우리는 각자의 방에서 잠을 잘 것이다. 그리고 내일 아침에도 아내가 늦잠을 잔다면 난 아내가 자는 방의 문틈으로 아내의 잠자는 모습을 보고 숨소리를 듣기 위해 귀를 쫑긋거릴 것이다.

나도 따뜻한 밥이 맛있다

아내는 식은 밥을 싫어한다. 그래서 한 여름에도 특별한 경우가 아니면 바로 해서 따뜻한 밥을 먹는다. 그러나 난 남겨진 찬밥이 있으면 그 밥을 먹는다. 그럴 때마다 아내는 내게 따뜻한 밥이 있는데 왜 식은 밥을 먹으려고 하느냐며 바로 한 밥을 권한다.

나도 갓 지은 따뜻한 밥이 맛있다는 것을 알고 있다. 그러나 찬밥을 내가 먹지 않으면 또 남겨져서 내일까지 가게 된다. 그 밥은 다시 데워서 먹기도 하지만 그렇게 찬밥신세로 머물다가 상해서 버려지게 될까 봐 그런 것이다.

쌀독에서 바가지 긁는 소리가 제일 무서웠던 아이의 머릿속에 깊게 새겨진 배고픔은 50년이 넘은 지금도 쌀 한 톨의 소중함을 기억하며 식은 밥이라고 차마 외면하지 못한다.

그렇다고 주부 경력 40년이 넘은 아내가 살림을 헤프게 한다거나 밥의 양을 조절 못해서 찬밥이 생기는 것은 아니다. 밥이 남게 되는 경우는 대부분 내가 갑자기 손님을 만나서 저녁을 먹고 집에 들어오거나 입맛이 없어 조금 먹게 되는 날에 남는 것이다.

아주 오래전 여름날, 남겨진 밥이 상해서 버려지는 것을 우연히 본 적이 있다. 나는 그렇게 버려진 밥이 너무 아깝다는 생각을 했다. 얼마큼 먹어야 턱밑까지 차냐고 어머니에게 물었던 어린 시절의 기억이 떠올랐다. 그 후로 난 식은 밥이 생기면 그 밥에 또다시 변고(?)가 생기는 것이 아닌가 하는 생각에 우선적으로 찬밥을 먹었다. 그러다 보니 아내는 진짜 내가 뜨거운 밥을 싫어해서 식은 밥을 먹는다고 생각한다. 그런 아내에게 난 부정도 긍정도 하지 않고 찬밥을 먹다 보니 이제는 남겨진 밥은 항상 내 차례가 된다.

대한민국은 G20 국가가 된 지 여러 해가 지났지만, 아직도 한 끼 식사조차 녹록하지 못한 사람들이 있다고 들었다. 코로나19로 종교단체나 사회복지단체에서 해오던 무상급식이 줄어들면서 하루에 라면 한두 개로 연명하는 분들도 있다고 한다. 그분들에게는 식은 밥 한 덩이가 목숨을 이어주는 것이 될 수도 있다.

따뜻한 밥이나 식은 밥이나 먹으면 배가 부르고 또 뱃속에 들어가면 체온과 같은 온도가 될 것이라 생각한다. 그러니 매 끼니마다 식은 밥이든 더운밥이든 배부르게 먹을 수 있다는 것만으로도 얼마나 행복한 일인가.

세상에는 정말 맛있는 음식들이 많이 있다. 그러나 내게 주어지지 않은 것이 무슨 소용이 있겠는가. 아무리 맛있고 비싼 산해진미도 내 입에 들어가야 맛을 느끼고 배도 부를 텐데 그렇지 않다면 내 입에 들어가는 식은 밥 한 덩이보다 나을게 없다.

젊은 시절 외국회사에 근무한 덕분에 참 많은 나라를 다니면서 음식을 먹어봤지만 일주일만 밥과 김치를 먹지 않으면 속이 니글거리고 왼 종일 밥과 김치 생각에 일이 손에 잡히지 않았었다. 그런 상황에 놓인 한국인이라면 아마도 찬밥 더운밥을 가릴 이유가 없이 그냥 밥과 김치만 있으면 세상 그 누구도 부럽지 않을 것이다.

40년 넘게 열심히 땀 흘린 덕분에 지금은 쌀 떨어질 걱정이 없으니 배고플 일은 없다. 그래서 식은 밥 한 덩이쯤 상해서 버려진다고 해도 우리 집 경제가 휘둘리지는 않는다. 그렇지만 난 버려지는 한 톨의 쌀알을 보면 어린 시절 춥고 배고프던 기억이 떠오르고 밥을 먹다가 한 톨이라도 흘리면 이 쌀이 농부들의 손길이 몇 번이나 가야 생산되는지 아느냐며 냉큼 주워 먹으라 시던 할머님의 말씀도 생각이 난다.

그래서 난 숟가락을 놓는 그 날까지 찬밥의 무사 안녕을 위해 아내에게는 찬밥을 좋아한다 하며 어제 먹다 남은 식은 밥이 있다면 그 밥은 또 내가 먹을 것이다.

후회는 한 번이면 족하다

　지난 일요일, 아내와 늦은 점심을 먹고 소화도 시킬 겸 한 바퀴 돌자며 통도사 쪽으로 차를 돌렸습니다. 매서운 추위가 봄볕에 쫓겨 간 들판에는 성급한 쑥이나 냉이가 얼굴을 내밀었는지 양지쪽에 나물을 캐는 할머니도 보였습니다. 배도 부르고 따스한 햇볕에 나른해지는 오후 잔잔히 깔리는 음악은 마음을 차분하게 가라앉혔습니다. 얼마쯤 가다 보니 눈에 익은 하얀 건물이 보였습니다.

　치매라는 몹쓸 병에 걸린 아버님이 입원하셨던 노인요양병원, 그 앞을 지나가려니 왈칵 눈물이 쏟아졌습니다. 몇 년 세월이 흘러 잊힌 줄 알았는데 그날의 기억은 외려 디지털 영화처럼 더 선명하게 내 눈에 상영되고 있었습니다. 현대의학으로는 완치가 불가능하다는 것을 알면서도 집으로 가겠다고 떼를 쓰는 아버님에게 다 나으면 모시러 올 테니 의사 선생님 말씀 잘 들으라고 설득하고 있는 가증스러운 내 모습이 보였습니다. 완강한 내 말에 체념하고 고개를 숙이는 아버님의 눈빛과 돌아서며 눈물을 흘리던 어머니 아내의 모습까지도…….

　그렇게 입원하신 아버님은 불과 15일 만에 화장실에 가시다가 넘어져 골반뼈가 부러지셨습니다. 다시 정형외과로 모셔 와 인공골반 이식수술을 받으셨지만 어머니의 지극한 간호에도 일어서지 못하시고 몇 달을 누워계시다 우리 곁을 떠나셨습니다.

 경황이 없어 어떻게 장례를 치렀는지 모릅니다. 아버님을 보내드리고 며칠이 지나니 지난 일들이 하나둘 떠올랐습니다. 힘들더라도 집에서 모셨으면 그렇게 일찍 떠나시지는 않았을 거라는 생각을 하니 죄책감과 후회가 파도처럼 철썩거리며 끝없이 나를 때렸습니다. 날도 추워지고 아버님 병구완을 하시는 어머님이 너무 힘들어하시기에 겨울 동안만이라도 요양병원에 모시자는 말을 먼저 꺼냈던 내가 너무 미웠습니다.

 그 이후로 될 수 있으면 이쪽으로는 눈길을 돌리지 않았고 혹시 갈 일이 있더라도 먼 길로 돌아서 다니며 몇 년의 세월이 보냈기에 이젠 다 잊은 줄 알았습니다. 옆에 앉아있는 아내에게는 내색하지 않으려고 앞만 보고 운전을 하면서도 연신 손등으로는 눈물을 닦았습니다.

 한참을 그렇게 말없이 가고 있으니 내가 아버님 생각을 하는 걸 알아챈 아내가 먼저 말을 꺼냈습니다. "요즘 세상이 다 그런 것이니 너무 마음 아파하지 말고 이다음에 나도 늙어 치매에 걸리면 그냥 요양병원에 보내" 그 말을 듣는 순간 난 가슴이 철렁했습니다. 가슴 아픈 일은 한 번도 많다고 생각했는데 나중에 자기도 치매에 걸리면 요양병원에 보내 달라는 말은 아버님을 그렇게 보낸 아들을 질책하는 것 같았습니다.

 수 천년을 이어져 온 자식의 부모 공양은 급속도로 변해가는 산업화로 인해 핵가족화가 되어 부모자식도 자주 만날 시간이 없게 되었습니다. 일 년에 두 번 명절 때나 잠시 얼굴 대하니 효

도라는 단어는 이제 국어사전에서나 보게 될까 걱정이 됩니다. 그래도 부모님은 끝없이 먹을 것 입을 것 아껴가며 자식들을 챙기지만 자식들은 당연한 것처럼 넙죽넙죽 받아만 먹는 자식들이 많습니다.

심지어는 돈 때문에 부모를 살해하거나 먼 곳에 유기하는 천륜을 저버린 사람들의 이야기도 종종 뉴스에 나옵니다. 그런 이야기를 들을 때마다 아버님을 현대판 고려장이라는 요양병원에 모셔서 허망하게 돌아가시게 한 나도 그들과 다를 바가 없다는 생각을 듭니다.

요즘 사람들 대부분은 나이 들어 거동이 불편해지면 노인요양병원에 가는 것을 당연하다 생각하는 것 같습니다. 건강하게 살다 죽는 것은 모든 사람의 바람이겠지만 그것도 마음대로 되는 것이 아니니까요. 나도 뒤늦게 건강을 지킨다고 틈만 나면 아내와 산에 다니고 이것저것 좋다는 약도 먹지만 4년 전부터 찾아온 당뇨병으로 평생 약을 먹어야 하는 처지가 되니 진즉에 건강을 지키지 못한 것이 아쉽기만 합니다.

같은 실수를 두 번 할 수는 없습니다. 후회는 한 번도 많습니다. 그날 난 아내에게 아무 말도 하지 않았지만 마음속으로 굳게 다짐을 했습니다. 만약 훗날에 아내에게 그런 병이 와서 아무리 힘들어도 다시는 요양병원에 보내지 않을 것이라고.

관심에서 멀어지면 어른의 마음도 아프다

　큰아이가 세 살이 될 때쯤 동생이 태어나면 엄마아빠는 새로 태어난 동생에게로 눈길 손길이 더 갑니다. 그러면 세 살짜리 아이는 어른들의 관심이 동생에게로 갔다는 것을 알게 됩니다. 그때부터 큰아이는 엄마에게 관심을 받고 싶어 어리광을 부리거나 꾀병을 부리기도 하고, 동생을 꼬집거나 때리는 등 해코지를 합니다.

　오래전 해외뉴스에서 나온 것처럼 생후 34개월 된 아이가 두 명의 쌍둥이 동생을 깔고 앉고 이불을 덮어 질식사하게 한 일이 있었습니다.

　집에서 기르는 강아지도 주인의 사랑을 받고 싶을 때면 곁에 와 몸을 비비거나 품으로 파고듭니다. 관심을 받고 싶어서입니다. 사랑받고 싶어서입니다. 사람이나 동물이나 관심에서 멀어지게 되면 소외감이 느껴지고 슬퍼지며 우울해집니다.

　그런 행동을 아이들이나 동물만 하는 것은 아닙니다. 어른도 관심을 받기를 원합니다. 누군가에게 따뜻한 위로의 말을 듣기 원하고 사랑받기를 원합니다. 삶이 고단하거나 몸과 마음이 무거울 때 가족이나 친구 등 주변의 사람들에게 따스한 말 한마디라도 들으면 위로가 되고 기분이 좋아집니다. 그러나 주위 사람들이 그걸 몰라주면 마음에 병이 생깁니다. 그래서 아프다고도 해보고 술을 마시고 거친 행동을 하며 관심을 끌려고 합니다.

말로 해도 될 일을 왜 어린애들처럼 행동으로 할까요?
어른이기 때문에 차마 말하지 못해서 그렇습니다. 만약 어른이 배우자에게 또는 부모님에게 내게도 관심을 좀 가져달라며 투정을 부린다면 대부분의 사람들은 먹고살기도 힘든데 그렇게 할 일이 없냐며 면박을 줄 것입니다.

어른이라 하더라도 인간이기에 그 마음속에는 아이들처럼 여린 마음이 있습니다. 그러나 그런 행동은 어린애들만 하는 것이라는 보편적인 생각과 그런 투정을 부려봐야 면박만 당할 것이라는 생각에 스스로 표현하기를 억제하고 있을 뿐 내면에는 어른들도 나약한 면이 있습니다.

아이들의 생각 속에는 배고프고 아프고 즐겁고 사랑받는 것만 들어 있지만, 어른은 무엇이 무섭고 어떤 게 힘들다는 것을 알기에 겉으로 들어 내놓지를 못해서 더 외롭고 힘이 듭니다.

사람들은 나이를 먹으면 남자들은 점점 여성화가 되고 여자는 남성화가 되어 남녀의 경계가 모호해집니다. 그리고 그때쯤이면 대부분 가정의 경제권을 여성이 가지게 됩니다. 그러면서 중년의 여성들은 육아에서 벗어나 친구들과 어울리며 운동을 하거나 여행을 다니고 쇼핑을 하고 맛있는 음식을 먹으러 다니며 정작 남편에게는 그다지 관심을 주지 않습니다.

아이들도 성장을 하면 자신들의 관심사에만 매달리고 아버지와는 거의 대화를 하지 않습니다. 그러면 소외감을 느끼게 되는 중년 남자들은 친구들을 찾으려 하지만 핸드폰에 저장된 수백 명의 사람 중에 정작 내가 필요할 때 불러내서 마음 편하게 술 한 잔, 밥 한 그릇 같이할 친구가 별로 없습니다. 그 친구들도 모두가 그 나이쯤 되면 다 비슷한 처지이지만 그렇다고 마음대로 술 마시고 친구들과 어울려 놀기에는 주머니 사정이나 집안 분위기가 녹녹하지 않기 때문입니다.

평생 가족을 위해 일만 하면서 정작 자신을 위해서는 제대로 된 취미활동이나 여가생활을 해본 적이 없는 중년 남자들은 인간관계의 폭이 좁아져서 나이를 먹어갈수록 외로움이 많아지고 소외감도 커집니다.

특히 정년이 되어 직장을 퇴직한 남자들은 그동안 가족을 위해 일하느라 수고했다는 가족들의 위로와 격려를 받습니다. 이제는 여유 있게 늦잠도 자고 마음 편하게 쉬어야겠다고 생각하지만 60대 중반에 몸과 마음이 건강한 남자가 집에서 세끼 밥을 먹으며 빈둥거리기란 결코 쉬운 일이 아닙니다.

그렇게 얼마간의 세월이 가면 남자는 집안에서 유령이 되어 갑니다. 제각각 바쁘게 살아가는 가족들은 아무도 관심을 주지 않아 소외감은 커지고 심지어 밥 먹는 것조차 눈치가 보이기 시작합니다.

그러면 남자는 집을 나와 등산을 가거나 거리 여기저기를 기웃거리기도 하고 기원에서 바둑을 두는 등 시간을 보낼 소일거리를 찾아보지만 고기도 먹어본 사람이 잘 먹는다고 노는 것도 놀아본 사람이 잘 놀지 평생 일만 하던 사람은 하루 종일 시간 보내는 것도 쉽지 않습니다.

중년 남자는 외롭습니다. 다 그런 것은 아니겠지만 많은 남자들은 헛헛한 가슴에 바람이 드나들며 미풍에도 바스락 소리가 납니다.

그럼 나이 먹은 중년 남자들은 어디서 위로를 받을까요?
어느 어깨에 기대어 마음 편하게 잠시의 오수라도 즐길 수 있을까요?
오늘도 끝없는 물음표가 이어집니다.

요즘 나의 스승은

요즘 나의 스승은 말수가 줄어든 가족이다. 밥만 먹으면 각각 제방으로 들어가 버린다. 하긴 가족이라 해봐야 아내와 아들 그리고 나 이렇게 셋뿐이지만……. 이방 저방을 왔다 갔다 하면서 온갖 이야기를 조잘거려 집안을 화사하게 꽃피우던 딸아이가 3년 전에 서울로 시집을 가고 부모님 두 분이 일 년 간격으로 돌아가시면서 여섯이던 가족이 줄어 이젠 빈방이 두 개나 생겼다. 겨울이 되면서 난방비를 줄인다고 딸과 부모님이 쓰시던 방에 난방을 끊으니 집안 공기는 더 싸늘하고 밤에도 불이 켜지지 않는 방은 정적과 침묵이 나누어 차지했다.

오랜 지병으로 고생하시던 아버님이 돌아가셨을 때는 마음의 준비를 하고 있었기에 올 것이 왔구나 하는 마음으로 덤덤하게 받아들였었다. 그런데 어머니가 돌아가시는 것은 상상도 하지 못했던 일이었기에 그 슬픔은 이루 말할 수가 없었다. 더군다나 아버지가 돌아가시고 일 년째 되는 날 교통사고로 돌아가셨으니 오죽하겠는가. 남아있는 슬픔이 말수를 줄여 필요한 말 이외에는 하지 않다 보니 이젠 당연히 그래야 하는 것처럼 돼버렸다. 함께한 세월 30년이 넘은 우리 부부는 굳이 말하지 않아도 무엇을 원하는지 다 알기에 서로가 알아서 하고, 아들 녀석도 직장에서 늘 늦게 오고 일찍 출근을 하니 마주치는 시간이 별로 없어 말소리는 더 줄어든다.

퇴근을 해서 챙겨주는 밥을 먹고 나면 난 거실에서 주절거리는 바보상자와 혼자 놀다가 그것도 식상해지면 컴퓨터 앞에 앉아 글을 쓴다. 그러면 아내는 집안일을 하거나 안방에 들어가 버린다. 마음이 편하지 않으니 좋은 글이 써질 리가 만무하고 잠도 오지 않으니 책을 펴든다. 요즘에 읽은 책은 박지원이나 이태백 그리고 김삿갓의 시집과 풍수지리 이야기다. 난 역사를 좋아한다. 그래서 읽었던 책들도 다시 읽고 또 본다. 고려 출신으로 몽골제국의 황후가 되었던 기황후(奇皇后) 이야기와, TV 드라마 대조영에서 보여주어 더 많이 알게 된 중국 대륙의 여 황제 측천무후(則天武后), 그리고 돈을 아무리 많이 벌어도 나라를 살 수 없는 것을 안타깝게 여겨 치밀한 계획을 세우고 긴 세월을 기다려서 결국 아들에게 중국 대륙을 안겨준 진시황의 아버지 여불위(呂不韋) 이야기와 조선 후기의 임상옥(林尙沃)이 계영배(戒盈杯)라는 잔으로 술을 마시며 이 잔을 늘 곁에 두고 인간의 과욕을 경계하면서 조선 역사에 전무후무한 거상이 된 이야기, 해상왕 장보고의 생애를 읽었고 여러 호족들로 나뉘어 제대로 된 국가의 틀을 갖추지 못했던 일본을 통일하여 나라의 기틀을 다진 일본 전국시대(戰國時代)의 3대 영웅 오다 노부나가(織田信長), 도요토미 히데요시(豊臣秀吉), 도쿠가와 이에야스(德川家康)의 이야기를 읽었으며 고려사나 삼국사나 옛사람들의 삶과 웃음이 담긴 야사나 고전을 많이 읽었다. 학교 다닐 때 이만큼 책을 봤으면 아마 장학금을 받아 가며 다녔을 것 같다. 어쩜 명문대를 졸업하고 저 웃전에서 한 자리 차지하고 앉아서 펜대 한 자루로 막중한 국가 대사를 좌지우지하고 있을지도 모른다.

독서를 하는 것은 집안에 불행한 일이 생기고 나서 다시시작 되었지만, 덕분에 그동안 시간이 없다며 미뤄두었던 책들을 접하게 되니 그나마 다행이라 여겨지기도 한다. 망연자실하여 한숨이나 쉬기보다는 책을 읽으면서 슬픔을 잠시라도 잊게 되고 이렇게 세월이 가면 부모님에 대한 그리움도 차츰 잊힐 것이라 생각한다. 그러나 이에 따르는 부작용이 있었으니 그것은 가족들 간에 대화가 점점 단절되어 가는 것이었다. 그래서 될 수 있으면 주말에는 외출을 삼가하고 가족들과 보내려 하지만 사람일이 마음 먹은 대로 되는 게 아니라 여기저기 집안 행사나 각종 모임으로 휴일을 보낼 때가 있고 젊은 아들은 휴일에 더 바쁘다 보니 부득이 아내 혼자 집을 지킬 때가 많아 미안했다. 마음은 굴뚝같은데 그것을 실천에 옮기지 못해 미안해하던 지난 주말이었다. 퇴근하는 길에 라디오를 듣는데 어느 출연자가 이런 말을 했다. 요즘은 날이 추워서 야외나들이를 하지 못하니 아이들과 거실에서 삼겹살을 구워 먹으며 야외기분을 낸단다. 그 말을 듣는 순간 나도 이번 주말에는 거실에서 삼겹살파티를 해야겠다고 생각했다.

　드디어 토요일이 되었다. 난 아들에게 일찍 들어오라고 전화를 하고 집 앞 마트에서 삼겹살과 쌈 채소를 사가지고 집으로 갔다. 아내는 갑자기 무슨 일이냐며 의아해하면서도 내심 기분은 좋은듯했다. 거실에다 신문지를 깔고 야외용 버너를 꺼내 삼겹살을 구워 먹으니 정말 맛이 있었고 아내와 아들도 맛있다면 좋아했다. 비록 세 명뿐인 가족이지만 모처럼 함께 식사를 하며 몇 달 동안 하지 못했던 대화도 나누었다. 앞으로는 이런 기회를 자주 가져야겠다는 말을 하니 다들 좋아했다.

가족이 아니더라도 사람과 사람 사이에서 대화가 없으면 서로의 사이에 벽이 생긴다. 작은 일이 큰 오해를 불러오기도 하고 때론 씻을 수 없는 상처를 만들기도 한다. 우리 집도 그동안은 부모님께서 소천하시고 난 후 소원해졌던 대화를 늘려야 할 때인 것 같다. 그렇지만 말수가 적은 아내와 아들 때문에 금방 변하지는 않을 것 같다.

어쨌든 지금 나의 스승은 아내와 아들이다. 그리고 나다. 덕분에 책은 많이 보고 살지만 이게 좋은 건지 나쁜 건지는 아직 모른다. 소통이 필요한 건 아는데 너무 갑자기 줄어든 가족의 빈자리가 적응이 되지 않아서 그런지 불통의 시간은 흘러간다.

10년 젊어지기

"어르신 여기 앉으세요."

이 말은 내가 43살 때 지하철을 타고 가다가 대학생쯤 돼 보이는 젊은이에게 들은 말이다. 처음에는 그 말이 내게 한 거라고 생각하지 않았다. 내가 아무런 반응을 보이지 않으니, 그 학생은 내 옷깃을 잡아당기며 재차 의자에 앉기를 권했다.

쿵쾅……. 난 커다란 망치로 얻어맞은 것처럼 휘청거렸다. 초라한 내 모습은 점점 더 작아지며 쥐구멍을 찾고 있었다. 선의로 자리를 양보한 그 학생이 고맙기보다 불쾌하기도 하고, 황당한 생각이 들었다. 그대로 앉아버리면 이제 막 마흔을 넘긴 남자가 자리 양보를 받는 노인이 될 것이고, 앉지 않으면 그 학생의 호의를 무시하는 격이 되는 순간이었다. 사람들의 시선을 의식하며 잠시 적당한 핑곗거리를 찾았지만, 좋은 말이 떠오르지 않았다. 얼른 이 자리를 피해야겠다는 생각만 들었다. 난 그 학생에게 곧 내릴 거라 말하고 다음 역에서 내려버렸다. 전동차 꽁무니를 따라온 바람이 옷깃을 헤집는 플랫폼에서 블랙홀 속으로 빠지는 전동차들의 비명소리를 들으며 나 자신을 돌아보았다. 지금 난 터널 속을 걷고 있지만 어둠은 결국 끝이 있을 것이라고 마음을 추스르며 혼란스러운 생각을 정리했다. 차를 타고 내리는 사람들의 시선이 온몸을 사정없이 찌르고 있었지만, 이게 내 현실이라는 것을 인정하고 나니 차라리 시원했다.

당시에 난 IMF라는 초대형 폭탄을 맞아서 하던 사업은 물론 가정의 존립까지도 위태로운 상황이었다. 눈만 뜨면 여기저기 손 내미는 빚 독촉에, 돈을 구하러 다니며 빚 가림 하기도 벅차서 모양새에 신경을 쓸 겨를은 눈곱만큼도 없었다. 그렇게 시달리며 일 년을 보내다 보니, 머리카락이 뭉텅뭉텅 빠지고 검던 머리는 반백이 되어 버렸다. 넓은 이마에 언제 이발을 했는지 기억나지 않는 부스스한 머리가 하얗게 보이니, 그 학생의 눈에는 내가 인생의 막장에서 바둥거리는 초라한 노인으로 보였나 보다.

당시 불어 닥친 경제난은 나 혼자만 겪는 것이 아니었지만, 건축에 관계된 일을 하던 나는 특히 더 타격을 받았기에, 삶이 이렇게 끝나는 게 아닌가 하는 생각이 들 정도로 모든 것이 어려웠다. 아무리 궁리를 하고, 여기저기 찾아다녀 봐도, 만나는 사람마다 손사래를 치며 싸늘한 시선만 남기고 돌아섰다. 이젠, 모든 것을 정리해야 할 때가 왔다고 생각했던 12월의 어느 밤, 겨울비가 내리는 울산 문수축구장 주차장에서 노트북을 꺼내 유서를 쓴 적이 있었고, 그때 흘린 눈물은 살아오면서 흘린 눈물 중에서 가장 서럽고 차가운 눈물이었던 것 같다.

사람이 죽는 게 어디 그리 쉬운 일인가. 우여곡절을 겪으며 하나하나 사업의 상처를 정리하고 나니 내 머리카락은 더 하얗게 되었지만, 그것이 문제는 아니었다. 모진 목숨 어떻게 하던 가족들과 살아야 했기에 자존심이고 뭐고 다 버리고 일을 찾았다. 배운 게 도둑질이라고, 다시 난 예전에 하던 건축자재 영업을 시작했다. 그 후로 10년, 열심히 살다 보니 영원히 오지 않을 것 같은 기회가 다시 왔고, 난 그 기회를 붙잡아 사업을 시작했다.

　사업이 나름대로 영역을 넓혀가던 작년 12월 25일이었다. 서양에서 태어난 예수라는 분 덕택에 하루를 온전하게 집에서 뒹굴고 있었다. 리모컨을 콕콕 누르며 바보상자와 놀기가 슬슬 지겨워질 무렵, 홈쇼핑 채널의 머리 염색약 광고에 눈길이 멈춰졌다. 쇼핑 호스트가 생글거리며 10분이면 10년이 젊어진다는 말을 하고 있었고 내 머리는 이미 TV 화면 속으로 들어가고 있었다.

　세상은 참 좋아졌다. 다음날 물건이 도착했고, 택배 상자에 관심을 보이던 아내는 내용물이 머리 염색약이라는 것을 알고는
　"갑자기 웬 염색, 염색하면 눈이 나빠진다는데 당신은 눈도 안 좋으면서 그냥 대충 살지, 이제 와서 뭐 한다고 귀찮게 염색을 하려고 그래." 등등…….
　잔소리를 한바탕 쏟아 놓더니 반상회에 간다고 나가 버린다. 평소에는 집 앞 상가나 마트에 같이 나가면, 사람들이 내 머리를 보고 시아버지랑 다닌다고 놀린다더니 막상 염색을 한다니 잔소리를 하는 게 내심 서운했다. 나가서 손님들 만나려면 젊게 보이는 게 좋다며 잘 생각했다는 칭찬을 은근히 기대하던 나는, 아내의 퍼붓는 잔소리에 기가 죽었지만 그렇다고 포기하기엔 "10분의 투자로 10년이 젊어진다"는 광고가 내게 주는 메시지는 너무 강렬했다.

　아내가 염색을 해 주리라는 기대를 포기한 나는 상자를 뜯

어 설명서를 읽고, 즉시 실행에 옮겼다. 잠시 고생하면 10년의 젊음이 온다는데 이 얼마나 신나는 일인가. 그렇지만 생전 처음 해보는 머리 염색은 그리 만만하지 않았다. 내 딴에는 조심한다고 했지만, 머리카락만 염색이 된 게 아니라 머릿속 피부와 귀, 목덜미 심지어 이마까지 온통 염색약으로 칠갑을 해 버렸다. 뿐만 아니라 거실 바닥은 물론 머리를 감은 세면대까지…….이것은 큰 재앙이었다.

   조금 있으면 돌아올 아내의 앙칼진 목소리……. 어떻게 하든 빨리 이 난국을 수습해야 하는 나는 때수건으로 머릿속과 이마, 귀, 얼굴을 사정없이 밀고 또 밀었다. 그러나 검게 묻은 염색약은 왜 그렇게 안 지워지는지, 염색약의 성능은 상상을 초월했다. 피부가 벗겨져 머리 전체가 따가웠지만 여기서 포기하기엔 내 몰골은 너무 추했다. 결국 아내가 돌아와 그 광경을 보게 되었고, 그새를 못 참고 일을 저질렀다는 잔소리를 들으며, 그날 밤늦게까지 아내의 도움을 받아 피부에 묻은 염색약을 지웠다.

   젊음이라는 것, 그것은 공짜로 얻어지는 게 아니었다. 그렇게 고통을 견디고 난 후에 거울을 보았다. 거울 속에는 낯선 남자가 자신의 모습을 어색하게 바라보고 있었다.
   난생처음 해본 머리 염색, 사십 대 초반부터 흰 머리가 나기 시작해서, 그동안 많은 사람들이 염색 좀 하라 해도, 겉모습보다 내면을 잘 가꾸는 게 더 좋을 거라는 아집으로, 염색을 하겠다는 생각을 한 적이 없었는데, 힘겹게 지낸 10년 세월을 거꾸로 돌려놓고 싶었는지, 흰 머리에 대한 반항이었는지, 아니면,

미모의 쇼핑 호스트에게 홀려서 그랬는지, 그때는 꼭 염색을 하고 싶었다.

　인간은 누구나 젊고 건강하게 오래 살기를 원한다. 천하를 얻은 진시황도 젊고 오래 살고 싶다는 욕망으로 불로초를 구하기 위해 많은 노력을 했지만, 세상 그 어디에도 불로초가 없었고, 결국 모든 것을 다 놓아둔 채로 죽었다. 또 우리의 역대 많은 왕들도 늙는 게 두려운 나머지, 젊음을 유지하는데 좋다는 약이란 약은 다 먹었지만, 세월을 이긴 사람은 아무도 없었다.

　지금은 눈부신 과학의 발전으로 인간의 수명도 많이 늘어났고, 일부 부유층들은 성형수술과 보톡스 같은 주사제를 이용해서 자신의 외모를 젊게 바꾸기도 한다. 그러나 돈을 들여 외모를 조금 바꾼다고 진정한 젊음을 얻는 것은 아닐 것이다. 많은 운동과 잘 조절된 식습관, 그리고 긍정적이고 진취적인 사고가 함께해야 진정으로 젊게 사는 게 아닐까 생각한다.

　외모가 조금 젊게 바뀌었다고 지난 시간까지 되돌아오는 것도 아니고, 지난날을 추억하며 매달리는 것은 더욱 안쓰러운 일이지만, 염색을 하고 난 후, 만나는 사람마다 젊어 보여 좋다며 띠 동갑하고 연애를 해도 되겠다고 놀리는 사람도 있어 기분이 좋다. 10분 투자로 10년이 젊어질 수 있다는 광고에 현혹되어 시작한 염색이지만, 젊게 보여야겠다는 마음은 아주 오래 전부터 내 안에 있었던 것 같다. 단지 "10분의 투자로 10년이 젊어진다."는 광고가 잠들어 있던 내 감성을 흔들어 깨웠기 때문일 것이다.

이젠 머리 염색을 집에서는 하지 않는다. 이발소에 갈 때마다 이발과 염색은 필수가 되었고, 아내도 더 이상 염색하는 것에 토를 달지 않는다. 보는 사람마다 젊게 보여 좋다는 검은 머리가 나도 좋다. 그러나 아직 띠동갑 애인은 생기지 않았다.

아내와의
만남부터 이별까지
43년의 여정

사랑하는 나의 아내 천순자 씨, 지금은 하늘의 별이 되어버린 당신이지만 난 아직도 처음 당신을 만나던 날을 생생하게 기억합니다.

경기도 김포, 지금은 인천시 서구가 되었지요. 그때 난 서울 영등포에 있는 직장을 다니던 중, 회사가 그곳으로 이사를 하는 바람에 당신이 살던 마을에서 자취하게 되었습니다. 아침저녁으로 당신의 집 앞을 지나면서도 한 번도 마주친 적이 없어서 당신의 존재를 몰랐었는데 어느 날 당신이 내가 근무하는 부서에 신입사원으로 들어왔어요. 그것이 당신과 나의 43년 인연의 시작이었습니다.

당신이 입사하자마자 회사에서는 많은 남자 직원들 사이에서는 서로 당신의 관심을 끌려고 보이지 않는 경쟁이 벌어졌고 나도 그중에 하나였습니다. 그러던 중 당신의 아버님이 돌아가셨고 난 우리 부서의 대표로 조문을 가게 되면서 우리는 급격하게 가까워지게 되었지요.

아버지를 잃은 상실감에 빠진 당신을 위로한답시고 접근할 핑곗거리를 만들어 우리는 자주 만나 시간을 보내다 보니 정이 들었고 결국 난 그 많은 회사의 경쟁자 중에 승자가 되어 당신을 품에 안았습니다.

그렇게 시작된 당신과 나의 인생 여정은 겨울이면 방안에서도 물이 꽁꽁 얼고 여름이면 숨이 턱턱 막히던 인천의 도화동 2층 창고 방의 신혼 시절부터 경기도 부천, 서울 방화동에서 시부모님과 세 명의 시동생들 그리고 사촌 시동생과 두 아이들 그리고 우리 부부까지 열한 명의 가족을 건사하며 보낸 당신의 고난 시절을 기억합니다.

   그러다 내가 대구영업소장으로 발령이 나서 당신과 두 아이를 데리고 대구로 내려와서 살던 때는 넉넉하지는 않았지만 그래도 나름대로 재미있게 살았지요. 그 후에 내가 부산지사장으로 발령이 나서 부산으로 이사를 했고 그때까지는 나름대로 웃을 일도 있었지만 내가 사진에 빠져 살면서 당신과 아이들에게 소홀히 하고 주말마다 촬영을 간다는 구실로 해외로 지방으로 집을 비웠던 일들도 미안합니다. 그러다가 가정 사정상 어쩔 수 없이 부모님을 다시 모시게 되어 양산으로 이사를 하면서 당신의 두 번째 시집살이가 시작되었지요.

   몸이 불편하시던 아버님과 어머님을 모시며 십수 년을 살다가 두 분이 1년 사이로 세상을 뜨실 때까지 모진 고생을 한 것 다 알고 있었지만, 그때는 그것이 장남 며느리인 당신이 숙명처럼 지고 가야 할 당연한 일이라 생각하며 따뜻한 위로의 말 한마디 제대로 못 해주고 살아온 날들을 정말 미안하게 생각합니다.
   다니던 직장을 그만두고 사업을 시작하여 13년을 운영하였으나 경기 악화로 사업이 실패를 하여 모든 가산을 다 날리고 문경의 산골로 도피하여 유배 아닌 유배 생활을 한 3년, 그 모진 추위에 고생하게 한 것도 정말 미안합니다. 그러다 이제 정말 따뜻한 곳에서 살고 싶다는 당신의 말에 이사를 한 곳이 영천이었지요. 영천은 문경처럼 춥지는 않았지만, 너무 더워서 당신을 고생시킨 것도 미안합니다.

그러던 중 친구 하나 없는 영천 생활이 당신도 나도 재미가 없다고 생각하여 2023년 7월에 우리는 당신과 나의 지인들이 많이 있는 양산으로 돌아갈 계획을 세우고 집을 보러 다니고 붙박이장은 어떻게 하고 마루는 강화마루로 한다는 둥, 이사 갈 설렘에 들떠있었고 가을에 이사를 한 후 딸아이가 사는 뉴질랜드에도 가자고 했었지요. 갈 적에 당신의 바람대로 비행기는 꼭 일등석에 앉아 갈 수 있게 해준다고 약속을 했었는데 2023년 8월 27일 뜨거운 여름에 당신은 우리의 곁을 떠나면서 그렇게 타보고 싶어 했던 비행기 1등석은 구경도 못 하고 까만 리무진을 타고 하늘 여행을 떠나버렸습니다.

아무런 준비도 없이 떠나버린 그 날 밤, 식어버린 당신의 입술에 입맞춤하며 눈물 흘렸던 날이 어제 같은데 살아있는 나의 시간은 멈춤 없이 흘러 벌써 1년이 되어갑니다. 하늘이 무너진 것 같던 날들, 밥숟가락을 입에 물고서도 멈추지 않던 눈물도 이제 조금씩 말라가고 있습니다.

당신이 그렇게 고생만 하다 떠나게 된 것이 모두 내가 세상을 잘 못살아온 결과이니 그 어떤 변명으로도 용서가 되지 않는다는 것을 잘 알아요. 그러나 후회한들 무슨 소용이 있겠습니까. 이제라도 내가 당신에게 해줄 수 있는 것은 아들과 딸의 가정에 행복과 건강을 위해 최선을 다해 아이들에게 엄마와 할머니의 부재를 느끼지 않도록 해주는 것이 당신에게 용서를 받는 것이라 생각하며 열심히 살아갈 것입니다.

세월이 지나 나도 이 세상에 작별을 고하고 당신을 만나러 가게 되면 그때 당신에게 진심으로 용서를 빌겠습니다. 그리고 당신은 원하지 않겠지만 혹여 다음 생에 우리가 다시 만나게 된다면 당신이 나로 태어나고 내가 당신으로 태어나 이 세상을 다시 살면서 당신의 그 모진 고생을 내가 다 보듬고 살아갔으면 하는 바람입니다.

여보! 나의 아내 천순자 씨 사랑합니다. 그리고 미안합니다.

2024년 8월 당신의 남편 유영호가.

당신은
영원히 시들지 않는
꽃입니다.

유영호

초판1쇄발행 / 2024년 8월 10일
재판2쇄발행 / 2024년 8월 17일

지 은 이 _ 유영호

펴 낸 곳 _ 도서출판 미루나무
펴 낸 이 _ 최은하
주　　소 _ 경북 영천시 최무선로 299 (창구동 35-2)
전　　화 _ (054)331-7770, 전송 / 331-7774
등　　록 _ 2004년 1월 15일(제510-51000007호)

ISBN 979-11-85555-67-6　03810
　　　　값 12,000 원